utb 5601

Eine Arbeitsgemeinschaft der Verlage

Böhlau Verlag · Wien · Köln · Weimar
Verlag Barbara Budrich · Opladen · Toronto
facultas · Wien
Wilhelm Fink · Paderborn
Narr Francke Attempto Verlag / expert verlag · Tübingen
Haupt Verlag · Bern
Verlag Julius Klinkhardt · Bad Heilbrunn
Mohr Siebeck · Tübingen
Ernst Reinhardt Verlag · München
Ferdinand Schöningh · Paderborn
transcript Verlag · Bielefeld
Eugen Ulmer Verlag · Stuttgart
UVK Verlag · München
Vandenhoeck & Ruprecht · Göttingen
Waxmann · Münster · New York
wbv Publikation · Bielefeld
Wochenschau Verlag · Frankfurt am Main

Andreas Wernet

Einladung zur Objektiven Hermeneutik

Ein Studienbuch für den Einstieg

Verlag Barbara Budrich
Opladen & Toronto 2021

Der Autor:

Prof. Dr. Andreas Wernet, Professor für Schulpädagogik mit dem Schwerpunkt Schul- und Professionsforschung, Institut für Erziehungswissenschaft der Leibniz Universität Hannover

Bibliografische Information der Deutschen Nationalbibliothek
Die Deutsche Nationalbibliothek verzeichnet diese Publikation in der Deutschen Nationalbibliografie; detaillierte bibliografische Daten sind im Internet über https://portal.dnb.de abrufbar.

Gedruckt auf säurefreiem und alterungsbeständigem Papier.

www.budrich.de

utb-Bandnr. 5601
utb-ISBN 978-3-8252-5601-2
utb-e-ISBN 978-3-8385-5601-7

Satz: Ulrike Weingärtner, Gründau – info@textakzente.de
Umschlaggestaltung: Atelier Reichert, Stuttgart
Titelbildnachweis: Bringmann & Kopetzki GbR, Kassel
Druck und Bindung: Pustet, Regensburg
Printed in Germany

Für Nelly und Ida

Inhaltsverzeichnis

Vorwort

Dieses Lehr- und Studienbuch zur Objektiven Hermeneutik wendet sich an all diejenigen, die am Anfang eines objektiv-hermeneutischen Forschungsvorhabens stehen und die für ihre ersten Schritte mit dieser Methode Orientierungen suchen. Ich denke dabei vor allem an Studierende, die sie in Haus-, Bachelor-, Master- oder Examensarbeiten nutzen und an Doktorandinnen und Doktoranden, die diese Methode im Kontext ihrer Forschungsvorhaben erproben wollen.

Den Entstehungshintergrund dieses Buches bilden Erfahrungen im Bereich der universitären Lehre und methodischer Einführungsworkshops. Beiden Kontexten ist gemeinsam, methodische Grundlagen vermitteln zu müssen, ohne auf ein systematisches, von allen Teilnehmerinnen und Teilnehmern geteiltes Vorwissen zurückgreifen zu können. Das ist in Workshops dann der Fall, wenn Studierende oder Promovierende sich über die Objektive Hermeneutik informieren wollen und den Workshop als ‚Schnupperkurs' verstehen. Für das Studium können wir diese Situation als Normalsituation voraussetzen. Ich sollte dabei hinzufügen, dass sich meine Lehrerfahrung vor allem auf das erziehungswissenschaftliche Lehramtsstudium stützt. Will man in diesem Studiensegment mit den Studierenden objektiv-hermeneutisch arbeiten und in dieser Arbeit die Grundlagen für Haus- und Abschlussarbeiten legen, muss man unter sehr restriktiven Zeitbedingungen – oft bleiben dazu nur ein oder zwei Lehrveranstaltungen – zu einem Verständnis der Methode und ihrer Anwendung gelangen. Dieses Buch ist auch der Erfahrung zu verdanken, dass in diesem restriktiven Rahmen ausgesprochen interessante und erfrischende Arbeiten entstehen.

Insofern sind die Hinweise, die in diesem Buch gegeben werden, der ‚kleinen Form', nicht dem ‚großen Wurf', verpflichtet. Denjenigen, die ein größeres Forschungsprojekt planen (und dann wohl ohnehin schon über nennenswerte Forschungserfahrung verfügen), hat dieses Buch nichts zu bieten. Es ist vielmehr der Idee und dem Lob der *Forschungsminiatur* verpflichtet; also der Idee, dass die Objektive Hermeneutik es Studierenden ermöglicht, auch ohne eine umfangreiche sozial- bzw. erziehungswissenschaftliche und methodische Vorbildung zu erstaunlichen und bemerkenswerten fallrekonstruktiven Befunden zu gelangen. Dieses Buch ist also auch aus der Idee und Erfahrung entstanden, dass trotz aller erkenntnistheoretischer Komplexität (die wir im Folgenden nicht ganz außen vor lassen können) und obwohl wir immer einen Berg ungelöster methodologischer Fragen vor uns her schieben, die Objektive Hermeneutik ein faszinierend einfaches Erkenntnisinstrument darstellt, das unter Beachtung weniger Regeln des methodischen Vorgehens, vergleichbar einem Mikroskop, Einsichten in die Struktur des sozialen Lebens ermöglicht. Damit ist der überwältigende Anspruch einer integralen Theorie dieser Struktur natürlich nicht eingelöst. Dieser Anspruch lässt sich methodisch wahrscheinlich auch gar nicht einlösen. Aber es wird immerhin, wie auch beim Mikroskop, ein Einblick ermöglicht, der ohne diese Methode *nicht* zur Verfügung stünde.

Deshalb versteht sich dieses Buch als eine *Einladung*. Die Objektive Hermeneutik stellt eine Methode dar, die im Kanon qualitativer Methoden mit einer eigentümlichen Strenge assoziiert wird. Das tendenziell ‚Abschreckende' und ‚Unsympathische' an dieser Methode wird wohl schon durch das Adjektiv ‚objektiv' hervorgerufen. Man stelle sich vor, man könnte sich in einem Lehrveranstaltungsverzeichnis zwischen zwei Seminaren entscheiden. Das eine wäre dem ‚subjektiven Verstehen', das andere dem ‚objektiven Verstehen' gewidmet. Ich glaube, es liegt auf der Hand, welcher der beiden Titel als ‚einladend' empfunden würde.

Tatsächlich beruht die Objektive Hermeneutik auf der Annahme und dem Anspruch, dass Interpretationen *nicht beliebig* sind. Sie beruht auf der für Erkenntnisansprüche konstitutiven Idee der *Verbindlichkeit* von Aussagen. Die verbindliche Aussage ist eine *methodisch überprüfbare*, *kritikfähige* und *kritikwürdige* Aussage. Ich vermute, dass diese Kritisierbarkeit, der man sich zweifelsohne aussetzt, wenn man objektiv-hermeneutisch arbeitet, eine gewisse Scheu und Beklemmung verursacht. Dieses Buch will auch dabei helfen, diese diffusen Hemmnisse zu überwinden und abzubauen und dazu einladen, die ‚kleine Form' als Erkenntnisleistung zu verstehen. Auch der ‚gewichtige Forschungsbeitrag' ist kritisierbar und wird wahrscheinlich erst durch die Kritik gewichtig. Doch auch die Forschungsminiatur stellt einen Forschungs- und Diskursbeitrag dar. In Kants berühmter Schrift „Beantwortung der Frage: Was ist Aufklärung", findet sich auf der ersten Seite die Aufforderung: „Habe Mut, dich deines eigenen Verstandes zu bedienen" (Kant 1784/1977: 53). In diesem Sinne ist die Einladung auch eine an die Leserinnen und Leser gerichtete Aufforderung und Ermutigung, zum erkenntnisbereichernden Verstehen einen wenn auch noch so kleinen Beitrag zu leisten. Haben Sie keine Angst vor Erkenntnis und Kritik! Freuen Sie sich auf die Erkenntniserfahrung, die Ihnen die Objektive Hermeneutik ermöglicht.

Lektürehinweis

Dieses Buch möchte nicht eine systematische Darstellung der Methode der Objektiven Hermeneutik geben. Vielmehr möchte es an die typischen Fragen, die sich für diejenigen, die zum ersten Mal mit dieser Methode arbeiten, anknüpfen. Deshalb orientiert sich der Kapitelaufbau nicht an einer systematischen, sondern an einer *punktuellen* Lektüre. Sie müssen es also nicht von der ersten bis zur letzten Seite lesen, sondern können darin blättern und dort nachschlagen, wo sich Antworten auf konkret sich stellende Fragen finden. Das Buch wurde so gestaltet, dass diejenigen Kapitel und Passagen, die auf die entsprechenden Fragen eingehen, rasch zu finden sind.

Die einzelnen Kapitel stellen dabei thematisch abgeschlossene Einheiten dar. Jedes einzelne Kapitel steht für sich und kann für sich gelesen werden. Um dies zu ermöglichen habe ich einige Wiederholungen in Kauf genommen und verweise regelmäßig auf verwandte Thematisierungen in den Nachbarkapiteln.

Danksagung

Ohne die Erfahrungen aus Forschungsworkshops und die vielen methodisch interessierten Nachfragen wäre dieses Buch nicht möglich gewesen. Ein besonderer Erfahrungshintergrund stellt dabei die „Fallwerkstatt Rekonstruktive Bildungsforschung" dar, die am Institut für Erziehungswissenschaft der Leibniz Universität Hannover im Semester wöchentlich stattfindet. Die allermeisten Anregungen für dieses Buch entstammen diesem Kontext. Ein besonderer Reiz der Fallwerkstatt besteht darin, dass die ‚gelegentliche' Teilnahme von Studierenden (häufig im Rahmen ihrer

Masterarbeiten) und ‚externen‘ Kolleginnen und Kollegen eine große Bandbreite an Themen und Forschungsideen einbringt. Allen Teilnehmerinnen und Teilnehmern bin ich zu großem Dank verpflichtet.

Mein besonderer Dank gilt den Mitarbeiterinnen und Mitarbeitern, die dieses Format als kontinuierlichen Diskussions- und Interpretationszusammenhang durch ihr Interesse und ihr praktisches und intellektuelles Engagement erst ermöglicht haben und ermöglichen: Edwina Albrecht, Jessica Dzengel, Imke Kollmer, Hannes König, Katharina Kunze, Sandra Kwasniok, Julia Labede, Kathrin Maleyka, Charlyn Oesterhaus, Kai Schade, Mirja Silkenbeumer, Sven Thiersch, Thomas Wenzl und Eike Wolf.

Ulrich Oevermann bin ich zu großem Dank verpflichtet, weil ich als Student und Doktorand an seinem Frankfurter Forschungspraktikum teilnehmen durfte. Das Forschungspraktikum von Oevermann hat nicht nur als Vorbild für die Fallwerkstatt in Hannover gedient, sondern auch als Vorbild für die ‚Einladung‘.

Charlyn Oesterhaus danke ich für ihre unverzichtbare Hilfe bei der Textgestaltung.

I. Die Welt als Ausdrucksgestalt

Forschungsmethoden stellen ein Hilfsmittel zur Erkenntnisgewinnung und Geltungsüberprüfung dar. Dabei sind unterschiedliche Methoden an unterschiedlichen Erkenntniszielen orientiert. Die Objektive Hermeneutik dient nicht der Gewinnung und Überprüfung von tatsachenwissenschaftlichen oder gesetzesförmigen Aussagen, sondern sie stellt eine Methode des *Verstehens* dar. Die empirische Basis des Verstehens sind Interaktionsprotokolle, die wir als *Ausdrucksgestalten* verstehen.

Von zentraler Bedeutung ist dabei die Unterscheidung von *Struktur und Inhalt* (von Texten oder Protokollen) und die Unterscheidung zwischen *manifesten* Motiven und *latenten Sinnstrukturen*.

Ein Erkenntnisinteresse, das die Aufdeckung und Rekonstruktion latenter Sinnstrukturen beinhaltet, bringt eine gewisse forschungspsychologische Belastung mit sich. Es setzt die Bereitschaft voraus, *Kränkungen alltagsweltlicher Deutungen* in Kauf zu nehmen.

Die Objektive Hermeneutik gehört zu den qualitativen Methoden. Diese haben den Anspruch, verstehende oder interpretative Zugänge zur empirischen Welt methodologisch zu begründen und forschungspraktisch zu entwickeln. Die Besonderheit der Objektiven Hermeneutik besteht darin, ein Verfahren der „Fallrekonstruktion und Strukturgeneralisierung“ (Oevermann 1981) zur Verfügung zu stellen. Ihre fallrekonstruktive Forschung und Theoriebildung stützt sich auf die Interpretation textförmiger Protokolle sozialer Wirklichkeit. Die Objektive Hermeneutik betrachtet „Die Welt als Text“[1]. Es geht ihr dabei nicht primär um die durch Texte transportierten Inhalte und Informationen, sondern um die Rekonstruktion von Sinnstrukturen, die durch Texte *gestalthaft zum Ausdruck kommen*. Der Begriff der *Ausdrucksgestalt* verweist darauf, dass sich in den Texten, auf die die Objektive

1 So lautet der Titel eines grundlegenden Sammelbands zur Objektiven Hermeneutik: Garz/Kraimer 1994.

Hermeneutik empirisch zugreift, Sinnstrukturen protokollieren oder dokumentieren, die im Gang der interpretativen Analyse rekonstruiert werden. In diesem Sinne ist der empirische Blick der Objektiven Hermeneutik auf *die Welt als Ausdrucksgestalt* gerichtet.

Bevor wir darauf eingehen, wie sich eine interpretative Analyse von Ausdrucksgestalten vollziehen soll, welche forschungspraktischen Regeln zu beachten sind und mit welchen Problemen dabei zu rechnen ist, ist es notwendig, sich das Erkenntnisinteresse vor Augen zu führen, das diesem empirischen Zugriff zu Grunde liegt. Denn Forschungsmethoden stellen ein Mittel zur Erkenntnisgewinnung und Geltungssicherung dar. Und unterschiedliche Methoden sind auf die Bearbeitung unterschiedlicher Erkenntnisinteressen zugeschnitten und spezialisiert. Auch wenn die Frage, *welche* Methode *welchem* Erkenntnisinteresse angemessen ist, ausgesprochen schwierig zu beantworten ist, müssen wir uns zu Beginn mit ihr beschäftigen. Denn der elementarste forschungsmethodische Fehler besteht darin, aus einem methodischen Vorgehen Aussagen abzuleiten, die dieses Vorgehen gar nicht begründen kann. Also müssen wir uns der Frage stellen, welche Erkenntnisse eine verstehende, auf Sinnrekonstruktion von Textprotokollen gerichtete Methode überhaupt gewinnen kann.

Zur Beantwortung dieser Frage bietet es sich an, zunächst jene Erkenntnisinteressen zu betrachten, für die die Objektive Hermeneutik *nicht* zuständig ist bzw. die *nicht* in ihrem Aufmerksamkeitszentrum liegen. Als erste Annäherung versuchen wir also nicht, den Zuständigkeitsbereich der Objektiven Hermeneutik positiv zu bestimmen, sondern ihn durch Unterscheidungsoperationen *ex negativo* einzukreisen.

Diese Ex-negativo-Operation scheint mir deshalb hilfreich zu sein, weil mit dem fallrekonstruktiven Ansatz notwendig Enttäuschungen der Normalerwartungen an wissenschaftliche Erkenntnis einhergehen, die auch und gerade das laienhafte, alltagsweltliche Bild von Wissenschaft und Forschung betreffen. Dieses Bild beruht auf der Vorstellung des Wissenszuwachses. Was den Kenntnisfortschritt über die soziale Welt anbelangt, besteht dieser Wissenszuwachs in der Gewinnung von Informationen und Daten, die die Forschung liefert. Dieses Bild beruht darüber hinaus aber auch auf der Vorstellung der Gewinnung von Aussagen über Regelmäßigkeiten und Häufigkeiten des Auftretens sozialer Phänomene und ihrer Zusammenhänge. Die Normalerwartung an Wissenschaft, Forschung und Erkenntnis besteht also in der Erwartung der Formulierung *tatsachenwissenschaftlicher* und *gesetzeswissenschaftlicher* Aussagen.

Es ist vielleicht enttäuschend, aber auch wenig überraschend und intuitiv nachvollziehbar, dass ein fallrekonstruktiver Forschungszugriff zu *keinen* tatsachen- oder gesetzeswissenschaftlichen Aussagen führen kann. Überraschender ist vielleicht vielmehr eine andere Erwartungsenttäuschung: Wenn wir uns schon mit Texten beschäftigen; müsste dann nicht der *Inhalt* im Zentrum stehen? Und wenn wir schon Sprechhandlungen verstehen wollen, müsste sich das Verstehen dann nicht auf die Frage konzentrieren, was mit dem Gesagten gemeint war? Auch bezüglich *dieser*, auf den Inhalt und den gemeinten Sinn gerichteten Normalerwartung an eine verstehende Erkenntnis ist der Forschungszugriff der Objektiven Hermeneutik irritierend. In besonderer Weise widmet sie sich der Rekonstruktion von Sinn*strukturen* (statt von Inhalten) und der Rekonstruktion *latenter* Sinnstrukturen (statt manifester Motive).

1. Gesetzesförmige, tatsachenwissenschaftliche und sinnverstehende Aussagen

Kommen wir zunächst zur Unterscheidung von gesetzesförmigen und tatsachenwissenschaftlichen Aussagen einerseits, verstehenden Aussagen andererseits. Diese Unterscheidung scheint mir deshalb wichtig und hilfreich zu sein, weil Gesetzes- und Tatsachenaussagen nicht nur als Inbegriff wissenschaftlicher Erkenntnis gelten, sondern weil diese beiden Aussagetypen auch für unser Alltagsdenken von großer Bedeutung sind. Was ist mit den Begriffen gemeint?

Gesetzesförmige Aussagen

- Gesetzesförmig sind alle jene Aussagen, die in einem Wenn-dann-Modus formuliert sind. Das gilt offensichtlich für einfache, naturwissenschaftliche Gesetzesformeln, aber auch für sozialwissenschaftliche Korrelationen. Wenn wir beispielsweise sagen, dass die Wahrscheinlichkeit, dass ein Kind, dessen

Eltern das Abitur haben, auch das Abitur erreicht, bei ca. 80% liegt, haben wir eine gesetzesförmige Aussage formuliert. Auch die Behauptung eines nicht weiter quantifizierten Zusammenhangs wie: „häufig wird ein Einbruch der schulischen Leistungen durch die Pubertät und beginnende Adoleszenzkrise ausgelöst", kann in diesem Sinne als gesetzesförmige Aussage verstanden werden. Damit möchte ich nicht behaupten, dass auch die soziale Welt Gesetzen gehorcht. Vielmehr soll auf die Ähnlichkeit naturwissenschaftlich-gesetzesförmiger Aussagen mit Aussagen über die soziale Welt hingewiesen werden.

Tatsachenwissenschaftliche Aussagen

- Ähnlich verhält es sich mit tatsachenwissenschaftlichen Aussagen. Dies sind Aussagen, die die Form einer Tatsachenbehauptung annehmen. Zu ihnen zählen z. B. historische und prähistorische Datierungsvorgänge. Die Bestimmung der Eiszeiten folgt genauso einer tatsachenwissenschaftlichen Aussagelogik wie Feststellungen über die Nachschubversorgung der napoleonischen Armeen während des Russlandfeldzugs. Und natürlich stellen alle Aussagen, die auf Messungen zurückgehen, einerlei, ob es sich um Messungen im naturwissenschaftlichen oder im sozialwissenschaftlichen Erkenntnisrahmen handelt, Tatsachenaussagen dar. Eine Klimatabelle kann genauso als tatsachenwissenschaftliche Aussage verstanden werden wie eine Einkommenstabelle oder eine Tabelle, die die Ergebnisse eines Schulleistungstests wiedergibt. Auch die kultur*beschreibende* Aussage, wie wir sie typischerweise aus der ethnografischen Forschung kennen, ist in diesem Sinne eine tatsachenwissenschaftliche Aussage. Mit der Aussage, „alles in Bali dreht sich um den Hahnenkampf" liegt zwar eine völlig andere Information vor als mit der Aussage, „als Goethe den *Werther* schrieb, befand er sich in einer biografischen Krise" oder mit der Aussage: „75% aller Studierenden der Germanistik sind weiblich". Gleichwohl folgen all diese Behauptungen derselben Aussagestruktur.
- Es ist häufig betont worden, dass gesetzes- und tatsachenförmige Aussagen in eine *sinnhafte* Welt eingebettet sind. Natürlich ist schon die Suche nach ‚Gesetzen' und ‚Tatsachen', die Frage also, welche Zusammenhänge gefunden werden könn-

ten und welche ‚Fakten' von Interesse sein könnten, eingebettet in einen Sinn- und Relevanzzusammenhang. Und insofern involvieren diese Fragen und ihre Beantwortung einen Verstehensprozess. Sie vollziehen sich in einer bedeutsamen und gedeuteten Welt. Aber bei diesen Aussagen selbst handelt es sich nicht um Deutungen. Um in der Terminologie der Objektiven Hermeneutik zu sprechen: diese Erkenntnisrichtungen sind eingebettet in eine sinnstrukturierte Welt, ohne die diese Welt hervorbringenden Sinnstrukturen zum Thema, zum Erkenntnis*gegenstand* zu machen. Gesetzes- und tatsachenförmige Aussagen finden also in einer sinnhaften Welt statt und sind auf diese angewiesen, bieten aber keine Aufklärung dieses Sinns. Fakten zur Nachschubversorgung der napoleonischen Armee können nicht die Frage klären, in welchem Sinne Napoleon und sein Russlandfeldzug für uns heute von Bedeutung sind. Statistiken über den Zusammenhang zwischen Schulerfolg und sozialer Herkunft können nicht klären, welche biografische Bedeutung das familiale und soziale Milieu für die Subjekte hat. Diese Erkenntnisoperationen stellen keine Verstehensoperationen dar.

- Das heißt umgekehrt, dass das Verstehen in eine Welt eingebettet ist, über die gesetzes- und tatsachenförmige Aussagen vorliegen, dass aber das Verstehen nicht zu gesetzes- oder tatsachenwissenschaftlichen Aussagen führen kann. Wer interpretiert, gewinnt in und durch die Interpretation keine Aussagen zu Tatsachen und Regelmäßigkeiten. Dieser nicht ganz einfach zu verstehende Punkt ist besonders wichtig, weil mit ihm eine Begrenzung der interpretativen Erkenntnismöglichkeiten einhergeht, die zu beachten für die Methode der Objektive Hermeneutik unverzichtbar ist. Denn die Objektive Hermeneutik beschränkt sich auf die Operation der Fall- oder Sinnstrukturrekonstruktion. Und sie vermengt diese Erkenntnisoperation nicht mit tatsachen- und gesetzeswissenschaftlichen Aussagen; d. h., die Sinnrekonstruktion erfolgt analytisch unabhängig von Informationen über Tatsachen und Zusammenhänge und versucht auch nicht, auf Tatsachen und Zusammenhänge interpretativ zu schließen (weil das Fehlschlüsse sind bzw. solche Aussagen zu Scheinaussagen führen).

Die biografische Erzählung Sinnkonstruktion und Sinn*re*konstruktion

Das lässt sich besonders gut am Gegenstand der biografischen Erzählung veranschaulichen. Diese enthält in der Regel eine Fülle von Informationen zum Lebenslauf, die wir der Erzählung entnehmen können. Sie enthält Informationen über die „erlebte Lebensgeschichte“[2]; Informationen darüber, „was sich damals ereignet hat“ (vgl. Rosenthal 1995: 14). Das Kondensat der Informationen, das sich aus einer biografischen Erzählung gewinnen lässt, führt zu tatsachenwissenschaftlichen Aussagen. Diese Aussagen sind natürlich interessant und relevant. Deren Extraktion stellt aber keine genuin sinnverstehende Operation dar. Eine Sinnrekonstruktion erfolgt erst dann, wenn wir die biografische Erzählung *als* Erzählung, also die „erzählte Lebensgeschichte“, in den Blick nehmen.

Die Erzählung *als* Erzählung können wir sinnverstehend nur dann *rekonstruieren*, wenn wir sie als *Ausdrucksgestalt*, nicht als Informationsträger, betrachten. Natürlich können wir uns auch den Informationen sinnverstehend zuwenden. Wir können die lebensgeschichtlichen Tatsachen, soweit sie uns durch die Erzählung (oder eine darauf zielende Befragung) bekannt sind, interpretieren. Bei dieser Operation handelt es aber nicht um eine methodisch gesicherte Erschließung der Sinnstruktur (eines Textes), sondern um eine hypothetische, methodisch nicht kontrollierbare *Sinnzuschreibung*. Wir nehmen dann keine Sinn*rekonstruktion* vor, sondern eine Sinn*konstruktion*.[3] Diese Sinnkonstruktion liegt außerhalb des methodischen Zugriffs der Objektiven Hermeneutik:

2 Zur Unterscheidung der erlebten und der erzählten Lebensgeschichte: Rosenthal 1995.

3 Dazu ausführlich: Wenzl/Wernet 2015.

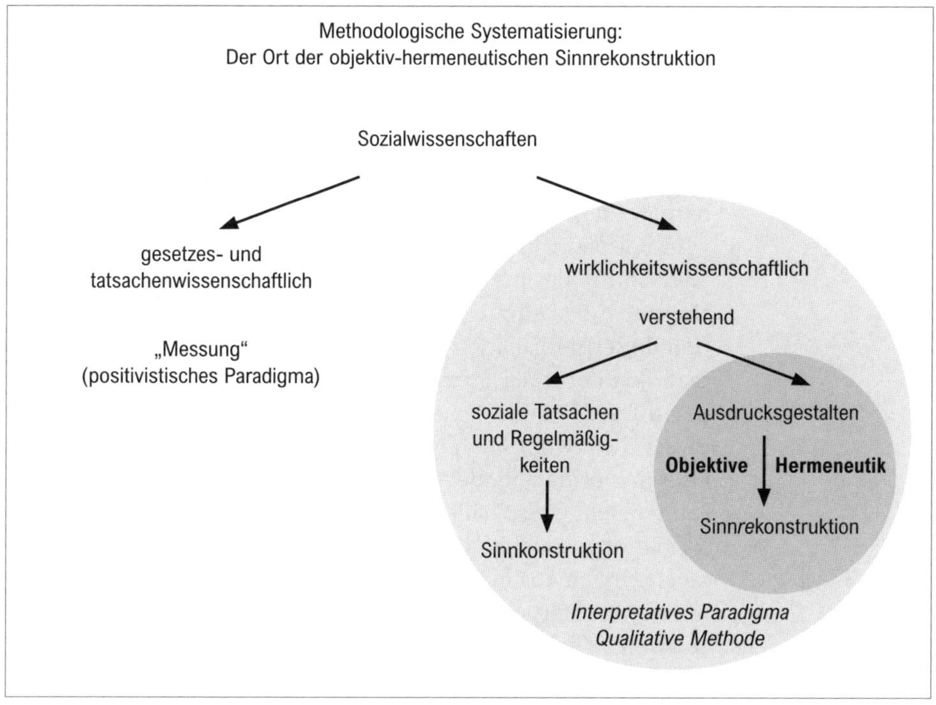

Wie die rechte Seite des Schaubildes zeigt, ist die Sinnkonstruktion dem Verstehen von (im weitesten Sinn) *Tatsachen* zugeordnet, die Sinn*re*konstruktion dem Verstehen von *Ausdrucksgestalten*.

Aber was sind Ausdrucksgestalten? Statt eine theoriesprachlich komplexe Erklärung vorzunehmen[4] will ich den Begriff an zwei literarischen Beispielen[5] veranschaulichen:

4 Grundlegend zum Begriff der Ausdrucksgestalt: Oevermann 2002; Loer 2015.

5 Literarische Texte repräsentieren eine kunstvolle Steigerung der Ausdrucksgestalthaftigkeit von Sprache und eignen sich deshalb besonders gut zur Veranschaulichung. Sie verlangen gleichsam danach, ihnen jene Haltung entgegenzubringen, die die Objektive Hermeneutik jeglichen Texten gegenüber einnimmt; nämlich sie als Ausdrucksgestalt zu „lesen“ (vgl. Oevermann 2002: 2).

Beispiel 1:
Peter Kurzeck:
Mein wildes Herz

In einer mündlichen Erzählung (Kurzeck 2011) berichtet der Schriftsteller Peter Kurzeck, dass er sich irgendwann dazu entschlossen hat, in Uzès, ein Ort in der Provence, eine Wohnung zu mieten und dort den Winter zu verbringen. Schon bei der Wiedergabe dieser Informationen sind Interpretationen mit im Spiel; zum Beispiel von „Provence" zu sprechen (statt von Frankreich oder Südfrankreich) oder von „Winter" (statt von den Monaten November bis März). Worum es hier aber geht ist die Interpretation dieser Informationen. Allein schon aus den Tatsachen, dass man den Beruf des Schriftstellers ausübt, sich dazu entschließt, einen Teil des Jahres einen Zweitwohnsitz zu beziehen, dass sich dieser Zweitwohnsitz nicht in Skandinavien oder in der Toskana oder in Florida befindet und dass man dies alleine und als Mann tut, entsteht ein spezifisches Bild. Würden wir diese wenigen Informationen eingehend betrachten, könnten wir dieses Bild sehr facettenreich ausmalen. Und wir könnten in Anspruch nehmen, mit dieser Interpretation den Erzähler und sein Leben besser verstanden zu haben, als wenn wir auf diese Interpretation verzichten würden bzw. über die entsprechenden Informationen nicht verfügen würden. Aber wir hätten keine Sinn*rekonstruktion* einer Ausdrucksgestalt vorgenommen, sondern (im obigen Sinne) eine Sinn*konstruktion* auf der Grundlage tatsachenwissenschaftlicher Informationen.

Kurzecks Erzählung der biografischen Episode, von der in „Mein wildes Herz" (Kurzeck 2011) die Rede ist, beginnt folgendermaßen:

> *„Ja, eigentlich, zuerst, (3 Sekunden Pause) bin ich in den Süden gezogen wegen der langen, heißen Sommer, weil ich die wollte, weil ich sie jedes Jahr wollte. Und dann, nach ein paar Jahren, merkt man, dass die Winter noch viel schöner sind, die Winter im Süden, als die Sommer…"*

Auch diese kurze Passage enthält Informationen; wenn auch, gegenüber den oben mitgeteilten, etwas irritierende: Die Hauptinformation ist wohl ein Wechsel der Wahrnehmung von Sommer und Winter. Dabei verzichtet Kurzeck darauf, die Provence oder gar Uzès zu erwähnen. Er spricht davon, in den *Süden* gezogen zu sein. Diese Auskunft ist offensichtlich wenig informativ: Was versteht er unter *Süden*? Wo genau ist er hingezogen? Darüber hinaus spricht er davon, in den Süden *gezogen* zu sein. Das klingt nicht nach Zweitwohnsitz, sondern nach einer Verlagerung des Erstwohnsitzes. Es klingt so, als würde er das ganze Jahr im Süden (wo immer das ist) verbringen.

Man sieht, dass nicht die Information im Vordergrund steht, sondern die *Gestaltung*. Der Text *ist* gestaltet; eine *hat* eine *Gestalt*. Das wird auch und gerade deutlich in den ersten Worten der Erzählung: *Ja, eigentlich, zuerst, (3 Sekunden Pause)*. Man fragt sich, wie ein Schriftsteller eine Erzählung, die er als gesprochenliterarisches Werk veröffentlicht, in einer Art und Weise beginnen lässt, als wisse er gar nicht, was er *eigentlich* sagen und mitteilen will. Insofern geben schon die ersten Worte dem Problem der biografischen Selbstdeutung eine Gestalt; nicht, indem er dieses Problem benennt, sondern indem es zum *Ausdruck* kommt und gestaltet wird.

Und genau hier würde eine Interpretation der Ausdrucksgestalt – die wir hier nicht vornehmen wollen – einsetzen. Sie würde sich nicht auf die Wiedergabe der mitgeteilten Informationen beschränken, sondern würde die ‚gestaltgebende' Sinnstruktur explizieren.

Beispiel 2: Thomas Bernhard: Im Keller. Eine Entziehung

Auch hier haben wir es mit einer biografischen Erzählung zu tun. Sie beginnt folgendermaßen:

„*Die anderen Menschen* fand ich *in der entgegensetzten Richtung*, indem ich nicht mehr in das gehasste Gymnasium, sondern in die mich rettende Lehre ging …" (Kursivsetzung im Original).

Noch deutlicher als im ersten Beispiel fällt die Gestaltung ins Auge. Der Inhalt der Erzählung (den man folgendermaßen wiedergeben könnte: „Mit 16 Jahren habe ich mich dazu entschlossen, das Gymnasium zu verlassen und eine Lehre anzutreten") tritt stark zurück hinter das Bild der *anderen Menschen,* des *Findens*, der *entgegengesetzten Richtung* und des *gehassten* Gymnasiums (wobei der Originaltext eigentümlicherweise darauf verzichtet, ‚gehasst' kursiv zu setzen).

Auch hier könnten wir die Operation des Verstehens auf den Sachverhalt des Abbruchs der gymnasialen Laufbahn und den Antritt einer Lehre richten. Mit gutem Grund könnten wir diese Entscheidung z. B. als Anzeichen einer Adoleszenzkrise interpretieren. Dabei würden wir aber die *ausdrucksgestalthafte Artikula-*

tion des Textes übergehen. Diese repräsentiert eine Wirklichkeit, die zwar auf die Sachverhalte bezogen ist, die aber auch über diese hinausweist. Erst eine Rekonstruktion der Ausdrucksgestalt könnte die recht vage und intuitive Zuordnung ‚Adoleszenzkrise' bereichern und erhellen. Erst so wäre es möglich, nicht nur den konkret vorliegenden Fall und die ihm eigene Problematik zu verstehen, sondern auch unseren Begriff der Adoleszenzkrise empirisch gehaltvoll weiter zu entwickeln.

2. Struktur und Inhalt

Die Unterscheidung zwischen gesetzes- und tatsachenförmigen Aussagen einerseits, sinnverstehenden bzw. sinnrekonstruierenden Aussagen andererseits hat zu einer Unterscheidung von Struktur und Inhalt geführt. Wir können einen Text (ein Interview, ein Familiengespräch, eine Gruppendiskussion, usw.) darauf hin befragen, was uns mitgeteilt wird (dann blenden wir seine Ausdrucksgestalt aus), oder wir können nach der Ausdrucksgestalt dieses Textes fragen. In dem einen Fall betreiben wir *Inhaltsanalyse*, in dem anderen Fall *Strukturanalyse*.

Struktur und Inhalt

Die grundlagentheoretische Voraussetzung für eine Strukturanalyse an Protokollen sozialer Wirklichkeit bildet die Annahme, dass die Wirklichkeit sinnstrukturiert verfasst ist und dass diese sinnstrukturelle Verfasstheit sich in Protokollen zum Ausdruck bringt, sich in diesen Protokollen niederschlägt.[6] Ohne hier näher auf die theoretischen Implikationen des Strukturbegriffs einzugehen, heißt das, dass wir davon ausgehen, dass soziales Handeln durch Erzeugungsprinzipien hervorgebracht wird, die, vergleichbar mit Naturgesetzen oder grammatischen Regeln, als solche nicht sichtbar, nicht sinnlich wahrnehmbar sind, sondern die erschlossen werden müssen und auch erschlossen werden können. „Ein direkter Zugang zur protokollierten Wirklichkeit ist methodologisch prinzipiell nicht möglich […]" (Oevermann 1993: 132).

6 Oevermann spricht von der „Textförmigkeit sozialer Wirklichkeit". Vgl. Oevermann 1986: 47.

Der Königsweg der methodischen Erschließung der als solcher nicht direkt sichtbaren Strukturen führt über das Protokoll der sozialen Praxis. Man könnte sagen: Was der naturwissenschaftlichen Erkenntnis das Experiment ist, ist der sinnverstehenden Erkenntnis das Protokoll. Aus der forschungspraktischen Perspektive heißt das, dass wir dann über ein geeignetes empirisches Datum verfügen, wenn es uns gelingt, Protokolle (d. h. Ausdrucksgestalten) derjenigen Praxis zu erheben, der unser Forschungsinteresse gilt bzw. umgekehrt unser Forschungsinteresse daran anpassen und ausrichten, welche Protokolle konkret vorliegen bzw. überhaupt erreichbar sind. Auf das Problem der Datenerhebung werde ich später noch eingehen (vgl. Kapitel IV). Hier kommt es mir auf die Ausdrucksgestalthaftigkeit des Protokolls hinsichtlich einer sinnstrukturierten Praxis an. Die einfache und zugleich grundlegende Idee, an der Oevermann die Methode der Objektiven Hermeneutik entwickelt hat, besteht darin, dass sprachliches Handeln per se ausdrucksgestalthaft ist. Wenn wir wiedergeben, was jemand gesagt hat oder über was gesprochen wurde, erfassen wir die Inhalte der Rede (so wie wir sie wahrgenommen haben). Wenn wir aber *Wort für Wort* festhalten, was gesagt wurde, verfügen wir über ein Protokoll einer Ausdrucksgestalt, dessen Analyse die Rekonstruktion der sinnstrukturellen Verfasstheit der sich darin artikulierenden Praxis ermöglicht.

Die Analyse von Protokollen sozialer Interaktion als Ausdrucksgestalt setzt voraus, dass das Gesagte *wörtlich* protokolliert wird (vgl. Kapitel IV) und *wörtlich* interpretiert wird. [7]

Nehmen wir als Beispiel die Entschuldigungshandlung:

Beispiel 3: Mir nicht

Lehrer: *Hast Du die Hausaufgaben?*
Schüler: *Nee, tut mir leid.*
Lehrer: *Mir nicht*

Unter inhaltlicher Perspektive gibt dieses Protokoll wenig her. Wir befinden uns in einer Hausaufgabenkontrolle. Und der Leh-

7 Zum Prinzip der Wörtlichkeit: Wernet 2009 (Kap. II.1); Wenzl 2021.

rer ist offensichtlich etwas verärgert ob der Versäumnis des Schülers.

Schauen wir etwas genauer hin, können wir an diesem Protokoll die Dynamik von „Normverletzung – Entschuldigung – Annahme/Ablehnung einer Entschuldigung" thematisieren. Eine Entschuldigung stellt einen Sprechakt dar, der angesichts der Verletzung einer Norm oder Regel diese Verletzung auf symbolischer Ebene zu heilen versucht. Sie bringt eine Bindung an diejenige Norm zum Ausdruck, die gerade verletzt wurde. Das wirft das Folgeproblem auf, wie der Adressat der Entschuldigung auf diese reagiert. Im Alltag könnte man sich zum Beispiel folgenden Interaktionsverlauf vorstellen:

A: *Hast Du an die Sahne gedacht.*
B: *Nee, tut mir leid.*
A1: *Kein Problem, ich muss nachher eh nochmal einkaufen gehen.*
A2: *Dann machst Du Dich jetzt sofort wieder auf den Weg und kaufst welche.*

Das „Was" und das „Wie"

Im ersten Fall (A1) wird das Versäumnis wohlwollend aufgenommen und die Entschuldigung akzeptiert. Im zweiten Fall (A2) hilft die Entschuldigung nicht über den Ärger und das Versäumnis hinweg. Und so könnten wir ohne weiteres festhalten, dass die Antwort *„mir nicht"* eine von vielen Möglichkeiten darstellt, eine Entschuldigung *nicht* anzunehmen. Damit würden wir die Antwort des Lehrers bloß *klassifizierend* betrachten und der wenig ergiebige Befund einer solchen Interpretation bestünde eben in dieser Klassifikation: *Ablehnung* einer Entschuldigung. Wie man unmittelbar sieht, ignoriert dieses klassifikatorische Vorgehen die besondere Gestalt der Ablehnung. Man könnte hier auch die in der interpretativen Forschung häufig verwendete Unterscheidung zwischen dem „Was" und dem „Wie" des Gesagten zu Hilfe nehmen. Die Feststellung, es handele sich um die Ablehnung einer Entschuldigung, betrifft das „Was" des Gesagten. Die Frage des „Wie" ist damit noch nicht beantwortet. Diese Frage betrifft die Ausdrucksgestalt der Äußerung. Und hier beginnt die eigentliche Arbeit der Sinnrekonstruktion der Objektiven Hermeneutik.

Dieses methodologische Argument steht und fällt natürlich mit der Frage, wohin eine Sinnrekonstruktion einer Ausdrucksgestalt führt, also mit der Explikationskraft einer Sinnauslegung der Ausdrucksgestalt. Können wir wirklich mehr zu der Antwort *mir nicht* sagen, als dass es sich dabei um die Ablehnung einer Entschuldigung handelt? Die Antwort der Objektive Hermeneutik ist eindeutig „ja“ und der Weg dorthin eigentlich ganz einfach. Man muss die Äußerung bzw. den Interaktionsverlauf nur wörtlich nehmen. Das will ich hier zur Plausibilisierung der Erkenntnisrichtung der Objektive Hermeneutik sehr verkürzt demonstrieren:

Das Irritierende an der vorliegenden Lehrer-Schüler-Interaktion ist, dass sie die Normalerwartung an die Haltung eines Lehrers kränkt. Wir erwarten, dass die Pflichterfüllung durch die SchülerInnen erwünscht ist, die Versäumnisse der SchülerInnen unerwünscht sind. Insofern müsste auch eine Entschuldigung im Falle einer Regelverletzung (*tut mir leid*) erwünscht sein. Denn die Entschuldigung ist ja Ausdruck der Reue. Denkbar ist natürlich, dass der Lehrer dem Schüler die Entschuldigung nicht abnimmt. Aber dann müsste er den Schüler kritisieren: „*Was heißt hier tut mir leid. Das ist jetzt schon das dritte Mal, dass Du ohne Hausaufgaben hierherkommst.*“

Umgekehrt bedeutet das *mir nicht* wörtlich genommen: *Ich finde es eigentlich richtig, dass Du Deine Hausaufgaben nicht gemacht hast.* Um die sinnstrukturellen Implikationen der spezifischen Ausdrucksgestalt der Lehrerreaktion zu klären, ist es hilfreich, einen alternativen und vertrauten Gesprächsverlauf zu betrachten:

A: Peter tut mir leid.
B: Mir nicht.

Während der Sprecher A Peter gegenüber eine Haltung einnimmt, die seine Situation als bemitleidenswerte ansieht, verweigert B diese Haltung. Das *mir nicht* ist hier gleichbedeutend mit *er ist selbst schuld.* Das Leidtun setzt ja eine Situation voraus, die für Peter nicht wünschenswert und potentiell beklagenswert ist. Peter kann einem leidtun, wenn er arbeitslos geworden ist oder von seiner Freundin verlassen wurde. Im Gegensatz etwa zu einer schweren Erkrankung, angesichts derer der Sprechakt *Peter tut mir leid* irgendwie unangemessen wäre (hier würde man eher sagen: *Peter hat es schwer*), involvieren die Beispiele der Arbeitslosigkeit oder der Beziehungskündigung eine Mitverantwortung von Peter und auch eine Eröffnung potentieller Perspektiven. Es wäre zynisch, die Diagnose einer lebensbedrohlichen Krankheit mit den Worten, *wer weiß, wozu es gut ist?*, zu kommentieren. Genauso zynisch wäre es, *selbst schuld* zu sagen. Diese Überlegungen zeigen, dass schon in dem Sprechakt *Peter tut mir leid* die Momente von Eigenverantwortlichkeit und Zukunftsperspektive mitschwingen. Entsprechend könnte B in seiner Reaktion diese Aspekte betonen: *Ach, wieso, Peter hat sich doch in der Beziehung eh nicht wohl gefühlt, usw.*

Demgegenüber stellt *mir nicht* einen aggressiven, geradezu wütenden Sprechakt dar. Er mobilisiert das Motiv der Eigenverantwortlichkeit in einer Art und Weise, in der diese Eigenverantwortlichkeit dazu führt, dass *Peter* damit das Recht auf ein empathisches Verständnis seiner Situation verwirkt hat. Stellen wir uns vor, Peter habe sich untreu verhalten und das wäre der in dem obigen Gespräch unterstellte Grund dafür, dass seine Freundin ihn verlassen hat. Dann würde das *Peter tut mir leid* zum Ausdruck bringen, dass man dazu bereit ist, den Schmerz und die Trauer von Peter anzuerkennen, *obwohl* er Verantwortung an der Situation trägt, in der er sich befindet. Das *mir nicht* würde zu verstehen geben, dass man Peter die Notlage, in der er sich befindet, ‚gönnt': *Das hat er nun davon!* Es handelt sich um einen Sprechakt, der *Häme* zum Ausdruck bringt.

Wenn wir diese Interpretation auf die Lehrer-Schüler-Interaktion übertragen, wird deutlich, dass es dem Lehrer mit zwei Worten gelingt, in einer Situation, die unter erzieherischer Perspektive die pädagogische Anstrengung des Umgangs mit Regelverstößen repräsentiert, die treuhänderische Dimension dieser Disziplinierung zu konterkarieren. Die Formulierung *mir nicht* bringt insofern die Aufkündigung eines pädagogischen Arbeitsbündnisses, einer pädagogischen Beziehung zum Ausdruck; das Ende einer kooperativen Praxis. Das Versäumnis des Schülers und die Art und Weise seiner Entschuldigung wird nicht zum Anlass der Aufrechterhaltung einer gemeinsamen Verpflichtung auf die Geltung bzw. Einhaltung schulischer Regeln genommen[8], sondern als Anlass des Ausdrucks einer hämischen Desinteressiertheit am Schüler. Diese sinnstrukturelle Dimension des

8 Wenn der Schüler auf die Erledigung der Hausaufgaben verpflichtet ist, ist der Lehrer komplementär dazu auf die Kontrolle und auf die Rüge im Falle der Nichterledigung verpflichtet.

Sprechakts ist schon bedrohlich genug. Denn sie kommt einem symbolischen Rauswurf gleich. Aber natürlich schwingt darüber hinaus in der Häme auch die Befriedigung mit, ungehemmt zum Vollzug einer für den Schüler unberechenbaren Sanktion schreiten zu können.

3. Latente Sinnstrukturen

Entlang der Unterscheidung gesetzesförmiger, tatsachenwissenschaftlicher und sinnverstehender Aussagen sind wir auf den Begriff der Ausdrucksgestalt und auf die Unterscheidung zwischen Struktur und Inhalt von Texten gestoßen. An dem Beispiel *mir nicht* sollen sowohl der Begriff der Ausdrucksgestalt als auch der Begriff der Sinnstruktur verdeutlicht werden. Wir haben unterstrichen, dass das Erkenntnisinteresse der Objektiven Hermeneutik dem Anspruch der sinnverstehenden Rekonstruktion von Ausdrucksgestalten folgt.

Latente Sinnstrukturen

Beispiel 4: Die *Brech*stunde

In Anlehnung an die Unterscheidung von Struktur und Inhalt kann nun die letzte uns hier interessierende Unterscheidung eingeführt werden: die Unterscheidung zwischen *manifestem Sinn* und *latenten Sinnstrukturen*. Die Plausibilität dieser Unterscheidung lässt sich am einfachsten durch die alltägliche Erfahrung, dass das Gesagte von dem Gemeinten abweichen kann, vor Augen führen. Ein typischer, unmittelbar sichtbarer und insofern einfacher Fall für dieses Abweichen stellen die von Freud so genannten *Fehlleistungen* dar[9]. Wenn sich etwa ein Student nach der Vorlesung mit einem Anliegen an den Dozenten wendet (z. B. ob es möglich sei, die Erbringung einer Prüfungsleistung vorzuziehen) und dieser erwidert: „Kommen Sie doch in meine *Brech*stunde", dann wissen beide, dass *Sprech*stunde gemeint war. Offensichtlich hat sich die *Brech*stunde fälschlicherweise und ungewollt an die Stelle der gemeinten *Sprech*stunde gesetzt. Diese fälschliche und ungewollte Umformung kann ganz einfach als Indiz des Operierens latenter Sinnstrukturen angesehen gelten.

Fehlleistungen

9 Vgl. dazu die ersten drei Vorlesungen von Freud zur Einführung in die Psychoanalyse. Freud 1916–17/1982.

Wenn *Brech*stunde einen Sinn macht, und das Wort klingt – jedenfalls im Kontext der geschilderten Situation – alles andere als unsinnig, dann muss es eine Sinnstruktur geben, die dieses Wort hervorgebracht hat. Und diese Erzeugungskraft muss eine andere sein als diejenige, die das Wort *Sprech*stunde hervorbringt bzw. hervorgebracht hätte.

Bleiben wir in diesem kleinen Beispiel zunächst beim alltäglichen oder alltagspraktischen Verstehen. Stellen wir uns vor, ein Kommilitone würde den Studenten fragen: „Und? Was hat er gesagt?" Dann könnte die Antwort lauten: „Er hat gesagt, ich soll in die Sprechstunde kommen." Die Antwort könnte aber auch lauten: „Stell Dir vor, er hat gesagt, ich soll in die *Brechstunde* kommen." Die unterschiedlichen Antworten machen auf zwei unterschiedliche Modi des Verstehens, zwei unterschiedliche Modi der Thematisierung von Welt aufmerksam. Im ersten Verstehensmodus wird die Fehlleistung (also die *latente* Bedeutung des Gesagten) ignoriert und nur auf das Gemeinte Bezug genommen. Dieses Ausblenden des Gesagten zu Gunsten des Gemeinten ist alltagsweltlich äußerst sinnvoll. Es geht dem Studenten um seine Prüfungsleistung und das einzig Wichtige diesbezüglich ist, dass der Dozent angeboten hat, diese Frage in der Sprechstunde zu besprechen. Für dieses Angebot ist der Versprecher völlig unerheblich. Im zweiten Verstehensmodus wird umgekehrt die pragmatische Relevanz der Antwort ausgeblendet. Wenn der Student seinem Kommilitonen berichtet, „Stell Dir vor, er hat gesagt, ich soll in die *Brechstunde* kommen", dann ist damit kein Gespräch über die Möglichkeit des Vorziehens von Prüfungsleistungen eingeleitet, sondern ein Gespräch über den Dozenten und darüber, was es heißt, dass er *Brech*stunde statt *Sprech*stunde gesagt hat. Und dieses Gespräch nimmt Bezug auf die latente Sinnstruktur des Gesagten bzw. unterstellt das Vorliegen einer solchen Sinnstruktur.

Wir sehen also, dass die Annahme der Existenz, oder besser: des Operierens latenter Sinnstrukturen auch im Alltagsdenken bzw. in der alltäglichen Interaktion gar nicht so abwegig ist, wie es auf den ersten Blick vielleicht scheinen mag. Und es wäre interessant, sich der Frage, wann, in welchen Situationen und wie die Alltagskommunikation typischerweise Rekurs auf das Latente nimmt, eingehend zu widmen. Aber wir sehen auch, dass für die Alltagskommunikation und die interessierte Handlungspraxis die Bezugnahme auf den manifesten Sinn von Äußerungen der Normalfall darstellt, dass die Thematisierung des latenten Sinns von Äußerungen eher die Ausnahme darstellt und dass diese Thematisierung, wenn sie vorgenommen wird, nicht systematisch, sondern eher flüchtig erfolgt.[10] Denn einerseits dominiert im Alltagshandeln die pragmatische Relevanz (in diesem Fall also z. B. die Frage, wann die Sprechstunde stattfindet und ob es einer Anmeldung bedarf), andererseits würde eine alltägliche Kommunikation, die sich konzentriert der Frage zuwendet, was es heißt, dass der Dozent *Brech*stunde statt *Sprech*stunde gesagt hat, die Form eines Forschungskolloquiums annehmen. Sie würde sich in Muße[11] und praktisch desinteressiert[12] dieser Frage zuwenden und alle anderen Relevanzen ausblenden. In gewisser Weise wäre sie dann aber keine Alltagskommunikation mehr.

Für den Forschungsstil der Objektive Hermeneutik ist es charakteristisch, dass die Interpretation sich genau dieser Frage systematisch, konzentriert und geradezu akribisch zuwendet. Insofern knüpft die Objektive Hermeneutik an das Alltagsverstehen an und tritt gleichzeitig in maximalen Kontrast dazu. Die Differenz besteht nicht in einer irgendwie als außergewöhnlich oder virtuos gedachten ‚Interpretationsfähigkeit' des ‚Objektiven Hermeneuten' gegenüber dem Alltagsmenschen. Der ‚Objektive Hermeneut' weiß so viel und so wenig, was *Brech*stunde heißt, wie der Alltagsmensch. Die Differenz zum Alltagsverstehen besteht vielmehr darin, dieser Frage Raum zu geben. Und dieser Raum ist ein Raum der maximalen Anstrengung *zu explizieren*, was *Brech*stunde heißt.

Verlassen wir die Unterscheidung zwischen alltagsweltlichem und wissenschaftlichem Verstehen hinsichtlich latenter Sinnstrukturen und wenden wir uns der Erkenntnisoperation, die auf die Explikation latenter Sinnstrukturen gerichtet ist, zu. In der

---

10 Eine solche, flüchtige Thematisierung bestünde etwa darin, dass man die Erzählung von der Brechstunde im Gespräch mit Mitstudierenden als Bestätigung eines eh schon negativen Bildes über den Dozenten anführt.

11 Vgl. dazu Oevermanns Charakterisierung der Erkenntnishaltung als „Krise durch Muße". Oevermann 2004: 167f.

12 Zur wissenschaftlichen Haltung der „disinterestedness": Merton 1942/1973.

Forschungspraxis haben wir es selten mit Fällen zu tun, bei denen uns der latente Sinn einer Äußerung, besser gesagt: die *Differenz* zwischen manifestem und latentem Sinn, derart deutlich ins Auge springt, wie das bei den Fehlleistungen der Fall ist. Normalerweise ist diese Differenz nicht so leicht zu sehen und nicht so leicht zu interpretieren, wie in unserem Sprech-/Brechstunden-Beispiel und man könnte eine interpretatorische Grundhaltung der Objektive Hermeneutik darin sehen, auch dort nach dieser Differenz zu suchen, wo sie nicht auf den ersten Blick sichtbar ist.

Zur Veranschaulichung dieses Sachverhalts möchte ich ein relativ komplexes Beispiel aus der unterrichtlichen Interaktion anführen:

Beispiel 5: Der Overhead-Projektor

L: Petra, nimm mal den Overhead-Projektor zur Seite, sonst kann ich dich gar nicht in Deiner vollen Schönheit betrachten.
S: Das macht mir nichts aus.

Wir wollen das Augenmerk nicht auf die ‚sexistische' Entgrenzung des Lehrers richten, sondern auf die Antwort der Schülerin.[13] Sie macht deutlich, dass sie ihre Rednerinnenposition nicht verändern will. Auf der manifesten Sinnebene sagt der Lehrer: „Nimm den Overheadprojektor zur Seite" und die Schülerin antwortet: „Nein". Aber die Schülerin sagt eben nicht „Nein". Sie sagt auch nicht „Ist mir lieber so" oder ähnliches. All diese Antworten hätten auf der äußeren, die Intension der Aussage betreffenden Ebene dasselbe zum Ausdruck gebracht: „Ich bleibe hier stehen und der Overheadprojektor auch."

Für sich genommen, kontextfrei[14], verweist der Sprechakt „*das macht mir nichts aus*" auf eine Situation, die für den Sprecher eine Belastung darstellen könnte, die ihm unangenehm oder peinlich sein könnte. Wenn an einem Badestrand keine Umkleiden und Duschen sind, wenn in einem Hotel nur noch ein Zimmer mit Außen-WC zu haben ist, wenn eine Berghütte nur über Lagerschlafplätze verfügt, kann man sagen: *„Das macht mir nichts aus."* Dieser Äußerung ist dann ein diesbezügliches Bedenken, eine Fraglichkeit vorangegangen. Man erhält Besuch von Freunden und will ihnen ein Zimmer buchen. In der Nähe zur eigenen Woh-

13 Eine ausführliche Interpretation findet sich in Wernet 2018.
14 Das Prinzip der kontextfreien Interpretation wird im folgenden Kapitel erläutert.

nung befindet sich ein preiswertes Hotel; die Zimmer verfügen aber nicht über Bad und WC. Man berät sich mit den Freunden, die dann sagen: „*Das macht uns nichts aus.*"

Gehen wir von hier aus zurück zum Unterrichtsprotokoll. Wörtlich genommen kann die Aussage der Schülerin folgendermaßen verstanden werden: „Es macht mir nichts aus, dass der Overheadprojektor den ungehinderten Blick auf meine volle Schönheit verstellt." Das entspricht gleichsam dem manifesten Sinn der Äußerung der Schülerin. Aber was sollte an der Störung des ungehinderten Blicks unangenehm oder peinlich sein? Eine potentielle Quelle von Peinlichkeit ist ja der ungehinderte Blick auf „die volle Schönheit" und nicht der Schutz, den der Overheadprojektor davor bietet. In dem konkreten Kontext kann sich die Peinlichkeitsverneinung der Schülerin also nur auf diesen Blick, nicht auf die Störung dieses Blicks beziehen. Dann lautet der latente Sinn der Äußerung: „*Das macht mir nichts aus*, dass Sie mich in meiner vollen Schönheit betrachten."

Wir haben es in dieser kurzen Interaktion also mit zwei Sinnschichten zu tun.

Auf manifester, inhaltlicher Ebene wäre der Vorgang angemessen umschrieben, wenn wir sagten:

> *Ein Lehrer fordert eine Schülerin auf, sich bei ihrem Vortrag gut sichtbar zu positionieren. Die Schülerin kommt der Aufforderung nicht nach.*

Auf latenter Ebene könnte der Sinn der Interaktion folgendermaßen formuliert werden:

> *Durch eine anzügliche Bemerkung versucht ein Lehrer eine Schülerin in eine ihr peinliche, verlegene Situation zu bringen. Versteckt gibt die Schülerin zu verstehen, dass er sie anschauen könne, soviel und solange er wolle. Damit dekuvriert sie die Anzüglichkeit seiner Aufforderung und dreht den Spieß um: Nun ist es der Lehrer, der in einer peinlichen Situation ist.*

Dieser latente Sinn – natürlich könnte und müsste er viel ausführlicher expliziert werden – ist auf den ersten Blick nicht sichtbar. Es ist schwer vorstellbar, dass die Mitschülerinnen und Mitschüler später erzählen werden: *Stell dir vor, Petra hat ‚Das macht mir nichts aus' gesagt!*; so wie man erzählen kann: *Stell dir vor, er hat gesagt, ich solle in seine Brechstunde kommen.* Und auch für die wissenschaftliche Interpretationssituation ist die Antwort der Schülerin (anders als die Aufforderung des Lehrers) zunächst unscheinbar. Auch hier besteht die Neigung, das *Das macht mir nichts aus* als *Ich bleibe lieber so stehen* zu interpretieren und damit den Sprechakt eigentlich *nicht* zu interpretieren; ihn einfach so zu verstehen, wie er wohl gemeint gewesen war. Damit blieben aber die Erkenntnismöglichkeiten einer sinnverstehenden Forschung verschenkt. Diese Erkenntnismöglichkeiten können nur durch die Mobilisierung einer gewissen ‚Verstehensenergie' ausgeschöpft werden. Und diese Energie besteht im Wesentlichen darin, den spontanen Deutungen und Normalisierungen zu misstrauen; dort genau hinzuschauen, wo auf den ersten Blick nichts Auffälliges, nichts Bemerkenswertes zu sehen ist; Verstehensprobleme auch und gerade dort aufzuwerfen, wo der Text ‚selbstverständlich' daherkommt.

Forschungspraktisch heißt das, dass die unscheinbaren Sequenzen dieselbe interpretatorische Aufmerksamkeit und Konzentration verdienen wie die Aufmerksamkeit heischenden. Es ist wichtig, die interpretatorische Anstrengung auch dort aufzubringen, wo es auf den ersten Blick nichts weiter zu sagen gibt.

Zum Verhältnis von manifest und latent

Die letzten Beispiele haben gezeigt, dass wir es bei der Interpretation mit zwei Sinnebenen zu tun haben. Wir können auf den manifesten, pragmatischen Sinn von Interaktionen zugreifen, wir können die latenten Sinnstrukturen, die impliziten Motive von Äußerungen rekonstruieren. Die bisherigen Ausführungen betonen, dass die besondere methodische Anstrengung der Objektiven Hermeneutik darauf gerichtet ist, auf die Ebene des latenten Sinns vorzudringen und nicht bei der oberflächlichen Betrachtung und Wiedergabe des manifesten, unmittelbar zugänglichen Sinns stehen zu bleiben. Das könnte den Eindruck erwecken, als stünden die latenten Sinnstrukturen im Zentrum des Forschungsinteresses, während den manifesten Sinnzusammenhängen forschungslogisch keine Bedeutung zukommt. Richtig ist, dass die Explikation latenter Sinnstrukturen besonderer Anstrengung bedarf und dass das Erkenntnis- und Forschungsverständnis der Objektive Hermeneutik darauf beruht, sich nicht auf die Wiedergabe manifester Sinnzusammenhänge zu beschränken. Das heißt aber nicht, dass die manifesten Sinnbezüge forschungslogisch bedeutungslos wären. Das Forschungsideal besteht nicht darin, latente Sinnstrukturen aufzudecken und die manifesten Handlungsmotive zu ignorieren. Es geht vielmehr darum, die Differenz, manchmal sogar Widersprüchlichkeit zwischen manifest und latent, zwischen Gemeintem und Gesagtem in den Blick zu nehmen. Denn was die Besonderheit und Einzigartigkeit eines Falles ausmacht, sind nicht die latenten Sinnstrukturen als solche, sondern die spezifische Beziehung, die sich zwischen manifesten und latenten Motiven zeigt.

Beispiel 6: Freud Auf den Chef *aufstoßen*

Dieser Aspekt lässt sich an einem berühmten Beispiel von Freud veranschaulichen. Wenn ein Mitarbeiter, der zu einer Feierlichkeit einen Toast auf seinen Chef ausbringt, sagt: *Lassen Sie uns auf das Wohl unseres Chefs aufstoßen*, dann liegt, ähnlich wie im obigen Fall der Verwechselung von Sprech- und Brechstunde, ein offensichtlicher ‚Fehler' vor, in dem ein positiv Gemeintes (*an*stoßen) durch ein negativ Gesagtes (*auf*stoßen) ersetzt wird. Eine sehr abgekürzte Interpretation könnte zu dem Schluss kommen, dass der Mitarbeiter sich gegenüber seinem Chef anerkennend zeigen wollte, ihm das aber nicht gelungen ist, weil er den Chef *eigentlich* unausstehlich (o. ä.) findet. Genau genommen sind aber *beide* Tendenzen am Werk: Wertschätzung *und* Geringschätzung. Und das Ergebnis der Analyse besteht genau darin, diese Gleichzeitigkeit zu rekonstruieren und möglichst präzise die Spannung, die im konkreten Fall zwischen manifesten und latenten Motiven besteht, zu explizieren.

Zum Kränkungspotential der Rekonstruktion latenter Sinnstrukturen

Der interpretatorische Zugriff auf die Ebene der latenten Sinnstrukturen stellt eine ‚Entdeckung' von Sinnzusammenhängen dar, die ohne die interpretatorische Arbeit mehr oder weniger im Verborgenen blieben. Üblicherweise betrachten wir solche wissenschaftlichen Entdeckungen als faszinierende Bereicherung unseres Wissens. Man denke nur an mikroskopische oder kosmologische Bilder, archäologische Funde oder neue Erkenntnisse zur menschlichen Evolution. Solche Entdeckungen werden häufig mit großem Interesse und großer Begeisterung aufgenommen. Die Entdeckungen, die mit der Rekonstruktion latenter Sinnstrukturen einhergehen, stehen häufig aber nicht unter dem Zeichen eines Faszinosums, sondern unter dem Zeichen einer *Kränkung*. Die Idee, dass wissenschaftliche Erkenntnis eine Kränkung darstellen kann, geht auf Freud zurück. Er nennt in diesem Zusammenhang die kopernikanische Erkenntnis, dass die Erde nicht das Zentrum des Universums bildet und die Erkenntnis Darwins, dass der Mensch, wie Pflanzen und Tiere auch, das Produkt des biologischen Prozesses der Evolution ist. Freud geht davon aus, dass die Entdeckung des Unbewussten, also der Tatsache, dass ein Teil des Seelenlebens von nichtkontrollierbaren und amoralischen Motiven dominiert wird, eine ähnliche Kränkung darstellt. Dass „das Ich ist nicht Herr in seinem eigenen Haus" (Freud 1917: 7) ist, stelle ebenso eine Kränkung seines Narzissmus dar, wie die Erkenntnis, dass der Mensch nicht im Mittelpunkt des Universums steht und dass er nicht mehr ist als ein höherentwickeltes Tier.

Erkenntnis als narzisstische Kränkung

Diesen Gedanken können wir auf das Erkenntnisinteresse, das auf die Rekonstruktion latenter Sinnstrukturen zielt, übertragen. Allgemein gesprochen können wir sagen, dass die Explikation latenter Sinnstrukturen eine potentielle Kränkung für unser alltägliches und uns lieb und teuer gewordenes Weltbild darstellt. Wenn das Gesagte nicht mit dem Gemeinten übereinstimmt, dann ist etwas nicht in Ordnung; jedenfalls nicht in jener Ordnung, von der wir *gemeint* haben, dass sie vorliegt.

Zwei Aspekte sind dabei von grundlegender Bedeutung:

(1) Die Weltsicht des Alltagsverständnisses beruht grundlegend nicht auf einem Erkenntnisinteresse, sondern auf der Herstellung und Aufrechterhaltung einer ‚erwünschten' Sicht auf die Dinge.

(2) Die Entdeckung der ‚unerwünschten' Sinndimensionen ist dem Alltagsdenken nicht erkenntnislogisch versperrt. Sie hat aber dort keinen systematischen Ort.

Auf beide Aspekte will ich kurz eingehen.

(1) Natürlich unterliegt auch die alltägliche Weltsicht, das alltägliche Weltverstehen und Weltverständnis gewissen Rationalitäts- und Richtigkeitskriterien. Aber ihr Ziel ist es nicht, die Welt angemessen zu verstehen, sondern sich die Welt so zurecht zu legen, dass wir darin vernünftig und in Übereinstimmung mit den Prinzipien, an die wir glauben, handeln können. Denken wir beispielsweise an die Erkenntnis der Nichtsteuerbarkeit von Sozialisations- und Erziehungsprozessen. Diese Erkenntnis ist für Eltern und LehrerInnen kaum brauchbar, weil sie ihnen nicht hilft, die Aufgaben der Erziehung *praktisch* zu bewältigen. Um erzieherisch handlungsfähig zu bleiben, muss man an die Wirksamkeit der erzieherischen Maßnahmen glauben. So hält man Kinder an, den Essenstisch nicht zu verlassen, bevor nicht alle mit dem Essen fertig sind in dem Glauben, dass damit der Respekt vor der Tischgemeinschaft gefördert wird. Das Wissen darum, dass diese Disziplinierung genauso gut zur gegenteiligen Haltung führen kann, ändert nichts an dem erzieherischen Grundsatz. Dieser Grundsatz (gleich welchen Inhalts) ist aber notwendig, um überhaupt erzieherisch tätig sein zu können. Er lässt sich durch Erkenntnis nicht substituieren. Erkenntnis läuft vielmehr Gefahr, die lebenspraktisch notwendigen Grundsätze oder Handlungsprinzipien zu irritieren und zu stören. (vgl. dazu Kapitel IX)

(2) Die wissenschaftliche Entdeckung im Sinne der Explikation latenter Sinnstrukturen fördert eine Erkenntnis zu Tage, die prinzipiell auch dem alltäglichen Verstehen zugänglich ist. Die wissenschaftliche Rekonstruktion latenter Sinnstrukturen stellt in gewisser Weise lediglich eine Steigerung und Radikalisierung derjenigen Verstehensoperationen dar, die sich auch im Alltag ansatzweise, in eher punktueller und flüchtiger Form finden. Denn auch das Alltagsdenken kann in kritische Distanz zu den die eigene Handlungspraxis stützenden Verstehensroutinen treten. Diese Selbstkritik setzt aber einerseits die Bereitschaft einer Selbstkränkung voraus, andererseits lässt sie sich in der alltäglichen Handlungspraxis nicht systematisch aufrechterhalten. Sie lässt sich dort nicht beheimaten. Dazu bedarf es der Trennung der alltäglichen,

handlungspraktischen Situation von der handlungsentlasteten, praktisch uninteressierten wissenschaftlichen Situation.

Zur notwendigen ‚Unverschämtheit' der Interpretation

Ich betone den Aspekt der Kränkung durch sinnverstehende Erkenntnis hier deshalb, weil damit eine bemerkenswerte forschungspsychologische Belastung einhergeht. In der Forschungssituation bringen wir den Fall (in Form eines Textprotokolls) auf maximale Distanz zu der Frage: *„Was will er sein?"* (manifeste Motive). Wir sprechen über den Fall in einem Modus, der in der Handlungspraxis selbst eine ‚Unverschämtheit' darstellen würde. Dieses unverschämte Sprechen ist notwendig, um überhaupt zur Ebene der latenten Handlungsmotive vordringen zu können. Ohne diese Unverschämtheit blieben wir bei der Wiedergabe des alltagsweltlichen (Selbst-)Verstehens stehen und fügten ihm nichts hinzu. Diese Unverschämtheit aufzubringen ist nicht einfach. Das liegt einerseits daran, dass eine gewisse Hemmung zu überwinden ist, um im Text die Spannungen und Widersprüche zwischen Gemeintem und Gesagten aufzudecken. Dem (meist) anonymen, nicht anwesenden Sprecher gegenüber wird das als unfair empfunden und es besteht eine Tendenz, ihn in Schutz zu nehmen.

Bei dieser Tendenz spielt sicherlich auch das Gefühl eine Rolle, dass die eigene Handlungspraxis, würde sie zum Fall werden, in derselben Weise durch sinnstrukturelle Spannungen und Widersprüche gekennzeichnet wäre. So schrecken wir vor einer konsequenten Interpretation zurück, weil wir ahnen, dass unsere eigenen Sprechakte nicht weniger von ‚unbequemen' latenten Dimensionen durchsetzt sind, wie diejenigen unserer ProbandInnen. Die ‚Überlegenheit', mit der die Interpreten durch das Forschungssetting ausgestattet sind, erscheint uns auch deshalb als unfair, weil wir wissen, dass diese Überlegenheit das Resultat einer künstlich eingerichteten Beobachterperspektive ist. Würden wir selbst beobachtet werden, würde sich herausstellen, dass wir, genauso wenig wie die Fälle, die wir interpretieren, „Herr im eigenen Haus sind".

Wissenschaftliche Interpretation ≠ Bestätigung von Weltbildern

Natürlich sind wir auch als Interpreten von alltagsweltlichen Überzeugungen, Grundsätzen, Prinzipien und Weltbildern durchdrungen und beherrscht. Sie ragen als normalisierende Alltagsdeutungen in die wissenschaftliche Interpretation hinein. Sie lassen sich nicht einfach abstellen. Wenn wir in der wissenschaftlichen Interpretation aber eine bloße Bestätigung dieser Weltbilder suchen, hat sie das Attribut wissenschaftlich nicht verdient.

In einem frühen Gründungsaufsatz zur Objektiven Hermeneutik hat Oevermann betont, dass diese Methode als *Kunstlehre* zu verstehen sei (vgl. Oevermann et al. 1979: 391f.). Das heißt, dass eine objektiv-hermeneutische Analyse mehr darstellt als die Befolgung von methodentechnischen Anweisungen. Ich glaube, dass die Bereitschaft, Kränkungen auch der eigenen Weltbilder und Alltagsdeutungen in Kauf zu nehmen, ein wesentliches Moment dieser Kunstlehre darstellt. Diese Bereitschaft muss man aufbringen, um objektiv-hermeneutisch interpretieren zu können. Methodische Regeln helfen dabei. Aber sie können sich lediglich in den Dienst dieser Bereitschaft stellen; sie können sie nicht herstellen. Sie muss von den Forschungssubjekten aufgebracht werden. Wer sie nicht aufbringen will und kann, wird in der Objektiven Hermeneutik keine Methode finden, die sein Erkenntnisinteresse an der Welt zu befriedigen in der Lage wäre.

II. Lesartenbildung: Was heißt Kontextfreiheit?

Das Prinzip der kontextfreien Interpretation ist grundlegend für die objektiv-hermeneutische Lesartenbildung. Es beruht darauf, eine zu interpretierende Sequenz aus ihrem tatsächlichen Kontext herauszulösen und Kontexte zu formulieren, in der die Äußerung uns als wohlgeformt erscheint. In einem zweiten Schritt werden die so gebildeten Lesarten in Abgleich gebracht zum tatsächlichen Kontext. Dieser Schritt führt zu einer Fallrekonstruktion.

Die objektiv-hermeneutische Lesartenbildung beruht auf der kontextfreien Interpretation, d. h. auf der Beantwortung der Frage, in welchen Kontexten wäre die zu interpretierende Äußerung wohlgeformt. Eine Schwierigkeit dieser für die objektiv-hermeneutische Fallrekonstruktion entscheidenden Operation besteht darin, in eine zum Teil irritierende Distanz zum alltagsweltlichen Interpretationsmodus treten zu müssen. Wir haben im vorangegangenen Kapitel schon darauf hingewiesen, dass alltagsweltliche Deutungen im Normalfall nicht auf den latenten Sinn von Äußerungen zielen und dass die Explikation latenter Sinnstrukturen für die Alltagsdeutungen keine willkommene Bereicherung darstellt, sondern eher als störend empfunden wird. Das wissenschaftliche Verstehen baut insofern zwar auf dem alltäglichen Verstehen auf – wenn die Welt keine sinnverstehende wäre, gäbe es auch kein wissenschaftliches Verstehen dieser Welt –, aber es stellt sich auch quer zum alltäglichen Verstehen. Wenn die wissenschaftliche Deutung auf die Ebene der latenten Sinnstrukturen Zugriff nehmen will, muss sie Spannungen, Dissonanzen und sogar Widersprüche zu Alltagsdeutungen – das heißt auch und vor allem zu den *eigenen* Alltagsdeutungen – in Kauf nehmen.

Wissenschaftliches Verstehen
=
Spannungen, Dissonanzen zu *eigenen* Alltagsdeutungen

Aber wie gelangt man zu einer solchen Sinnrekonstruktion? Das wichtigste Prinzip der Interpretation, das dahin führt, ist das Prinzip der *Kontextfreiheit*. Die Bezeichnung Kontextfreiheit ist insofern schon verwirrend und kontraintuitiv, als der Sinn von

Sprechhandlungen ja ganz offensichtlich und unbestreitbar vom Kontext abhängig ist. Ein *Herzlich Willkommen* heißt etwas ganz anderes, wenn man es anlässlich eines öffentlichen Ereignisses, einer außeralltäglichen privaten Feier (Hochzeit, runder Geburtstag) oder eines privaten Besuchs ausspricht. Ein *Ich freue mich auf morgen* bedeutet etwas anderes, ob man zu einem Bewerbungsgespräch oder zu einem Ausflug verabredet ist. *Was kostet das*? bedeutet etwas anderes, ob ein Kind einen Wunsch äußert oder ob man auf einem Flohmarkt den Preis eines Gegenstands erfragt.

1. Text und Kontext an einem Beispiel erläutert

Bevor wir auf Fragen und naheliegende Missverständnisse, die mit diesem Prinzip zusammenhängen, näher eingehen, wollen wir seine grundlegende Funktionsweise an einem kleinen Beispiel verdeutlichen. Der vielleicht einfachste Fall ist derjenige, in der sich die kontextunabhängige, wir können auch sagen wörtliche Bedeutung einer Äußerung unmittelbar, ohne großen Interpretationsaufwand erschließt und zugleich eine unmittelbar wahrnehmbare Dissonanz zum tatsächlichen Äußerungskontext vorliegt. Die Bedeutung von *Tschüss* braucht nicht lange zu interpretiert werden. Der Sprechakt ist dann angemessen, wenn eine Verabschiedung vorgenommen wird, wenn diese Verabschiedung keine außeralltägliche ist und wenn eine mehr oder weniger informelle Beziehung vorliegt. Diese Bedeutung gewinnen wir aus der (mehr oder weniger expliziten und ausführlichen) Formulierung von gedankenexperimentell entworfenen *Normalkontexten*. Jemand, der eine gesellige Kneipenrunde verlässt und sich mit *Tschüss* verabschiedet, verhält sich insofern kontextangemessen. Er vollzieht gleichsam einen standardisierten Sprechakt, den jeder andere in der Runde genauso vollziehen könnte. Die Sprechhandlung ist in diesem Kontext nicht weiter bemerkenswert. Das heißt auch, dass sich mit dieser Äußerung in diesem Kontext *keine Fallbesonderheit, keine Individuiertheit* zeigt.

Nehmen wir nun drei unterschiedliche, anders gelagerte Äußerungskontexte an:

> A. Mit *Tschüss* verabschiedet sich ein Bewerber aus einem Bewerbungsgespräch.

Beispiel 7: Tschüss

Vor dem Hintergrund des Kontexts des Bewerbungsgesprächs wird der Aspekt der Informalität der Verabschiedung durch *Tschüss* deutlich. Irgendwie scheint uns das *Tschüss* als Verabschiedung des Bewerbers in der Bewerbungssituation unangemessen. Es lässt die distanzierte Höflichkeit, die wir in einer solchen Situation erwarten, vermissen.

Wenn wir uns fragen, welche Situationsdeutung der Bewerber durch sein informelles *Tschüss* vornimmt, können wir zwei Fälle unterscheiden:

- Einerseits könnte diese Verabschiedung darauf verweisen, dass der Bewerber sich seiner Anstellung sicher fühlt. Er nimmt den zukünftigen Zustand einer informellen Kollegialität vorweg. In diesem Fall kann das *Tschüss* als Element seiner (wahrscheinlich ungeplanten) Bewerbungsstrategie interpretiert werden. Denn es wäre nur dann nicht verfehlt, wenn damit zu rechnen wäre, dass der zukünftige Chef diesem Verzicht auf distanzierte Höflichkeit mit Sympathie und Wohlwollen begegnet.
- Andererseits könnte diese Verabschiedung darauf verweisen, dass das Bewerbungsgespräch derart ungünstig verlaufen ist, dass der Bewerber sich keinerlei Anstellungschancen ausrechnet. Dann wäre der Verzicht auf eine höflich distanzierte Verabschiedung als frustrierte und trotzige Reaktion auf eine unerfreuliche Erfahrung zu interpretieren.

> B. Beim Abschied vor einer längeren Dienst- oder Urlaubsreise verabschiedet sich der Beziehungspartner mit *Tschüss*.

Wenn man sich eine außeralltägliche Verabschiedungssituation vor Augen führt, wird der ‚lakonische' Charakter des *Tschüss* deutlich. Stellen wir etwa ein besonderes Ereignis vor – man hat mit Freunden, die man selten sieht, eine gemeinsame Reise unternommen oder man verabschiedet sich von einer lieben Person für längere Zeit – dann wird dieses Ereignis von besonderen Verabschiedungsgesten begleitet. Man versichert sich, wie schön es gemeinsam war, man wünscht eine gute Reise, man umarmt sich besonders intensiv usw. Vielleicht sagt man dann ganz zum Schluss: *Tschüss*. Aber ein bloßes *Tschüss* würde in einer außerordentlichen Verabschiedungssituation befremdlich sein. Es würde in diesen Kontexten eine emotionale Distanz zum Ausdruck bringen.

C. Zwei Bekannte begegnen sich auf der Straße. Der eine begrüßt den anderen mit *Tschüss*.

Das dritte Beispiel stellt einen Versprecher (vgl. Kapitel I) dar. Man wollte *Hallo* sagen und hat *Tschüss* gesagt; man wollte (be)grüßen und hat verabschiedet. Hier springt die Dissonanz zwischen Kontext bzw. Aussageintention und tatsächlichem Sprechakt unmittelbar ins Auge. Auch in der alltäglichen Handlungspraxis wird dieser Versprecher bemerkt werden. Es braucht also keine forscherische Anstrengung, um ihn zu registrieren und die Richtung der Fehlleistung zu verstehen. Der Unterschied zwischen der alltagsweltlichen und der wissenschaftlichen Deutung besteht in diesem Fall einfach darin, dass der Alltag i. d. R. den Versprecher übergeht, während die wissenschaftliche Interpretation die Verwechselung ernst nimmt. Sie expliziert das Versehen und verleiht ihm Bedeutung. Dazu gehört natürlich auch die Beobachtung, dass der Alltag ihm *keine* Bedeutung verleiht.

2. Zum gedankenexperimentellen Vorgehen: Text- und Kontextkontrastierung

tatsächlicher Kontext vs. gedanken-experimentell entworfene Normalkontexte

Wir haben an diesen kleinen Beispielen der Sinnexplikation gesehen, dass eine zentrale Operation der Interpretation in der Gegenüberstellung von tatsächlichem Kontext der Äußerung und dem gedankenexperimentell entworfenen *Normalkontext* der Äußerung besteht. Der Normalkontext stellt diejenige Gruppe von Kontexten dar, in denen der Text als wohlgeformte, fallunspezifische Äußerung erscheint. Das Prinzip der kontextfreien

Interpretation besagt im Kern, dass diese Formulierung des Normalkontextes sich in Absehung vom tatsächlichen Äußerungskontext vollzieht.

Bei der Explikation des Normalkontextes sollten *drei gedankenexperimentelle Strategien* genutzt werden:

1. Man entwirft Kontexte, in denen die Äußerung als wohlgeformt erscheint.
2. Kontrastiv dazu entwirft man Kontexte, in denen die Äußerung eindeutig unangebracht ist.
3. Man ersetzt die Äußerung im tatsächlichen Kontext durch eine eindeutig kontrastierende Äußerung.

Text- und Kontextkontrastierung

Die beiden letzten Gedankenexperimente folgen der Logik der *Kontrastierung*. Die jeweiligen Strategien kann man sich an dem Beispiel *Tschüss* sehr gut vor Augen führen:

- Ein wohlgeformter Kontext liegt z. B. dann vor, wenn wir von einer Feierabendverabschiedung von ArbeitskollegInnen ausgehen.
- Eine *Kontextkontrastierung* im Sinne der Formulierung eines Kontextes, in dem *Tschüss* eine eindeutige Regelverletzung darstellen würde, liegt dann vor, wenn wir uns z. B. die Verabschiedung im Rahmen einer Papstaudienz vorstellen.
- Eine *Textkontrastierung* liegt dann vor, wenn wir in einem gegebenen, alltäglichen Verabschiedungskontext – nehmen wir die Feierabendverabschiedung – *Tschüss* durch eine eindeutig unpassende Alternative ersetzt: *Bis bald und hab eine schöne Zeit.*

Die beiden Kontrastierungsstrategien dienen der (indirekten) Beantwortung der Frage: „was heißt es, X im Kontext K zu sagen“, indem gefragt wird, „was heißt es, X im Kontext von ¬K zu sagen“ (Kontextkontrastierung) bzw. „was heißt es, ¬X im Kontext K zu sagen“ (Textkontrastierung). Es handelt sich also material nicht um jeweils unterschiedliche Fragen, sondern Variationen derselben Frage.

Was heißt es, x im Kontext K zu sagen?	
Was heißt es, x im Kontext von ¬K zu sagen? (Kontextkontrastierung)	Was heißt es, ¬x im Kontext K zu sagen? (Textkontrastierung)

Deshalb ist es auch nicht sinnvoll, diese Varianten als interpretatorische Schrittfolge oder als ein abzuarbeitendes Programm zu verstehen. Mit dieser Unterscheidung geht *nicht* die Empfehlung einher, an jeder Sequenzposition alle Varianten der Lesartenbildung in Anschlag zu bringen. Es sollte aber im Auge behalten werden, dass es bei der Lesartenbildung ausgesprochen hilfreich sein kann, die Frage aufzuwerfen, in welchem gedankenexperimentell entworfenen Kontexten die zu interpretierende Äußerung absolut verfehlt wäre (Kontextkontrastierung) und welche Alternativen zur tatsächlichen Äußerung sich formulieren lassen (Textkonstrastierung).

!

Tipp für das gedankenexperimentelle Vorgehen (Prinzip der Sparsamkeit[15]):

Wählen Sie die Geschichten bzw. gedankenexperimentellen Kontexte so, dass sich in ihnen der zu interpretierende Text *eindeutig und unstrittig* als angemessene bzw. als unangemessene (Kontrastierung) Äußerung erweist. Orientieren Sie sich in der Lesartenbildung an *clear cases*! Kontexte, in denen der Text als *unter Umständen* angemessen oder unangemessen erscheint, klären nicht die Textbedeutung, sondern führen zu weiteren Klärungsproblemen; nämlich zur Klärung der Frage, welche Umstände das sind, die zu einer Uneindeutigkeit und Strittigkeit führen. Die Klärung dieser Frage setzt wiederum den Rückgriff auf eindeutige Lesarten voraus.

15 Die folgende Empfehlung entspricht einer Interpretationsstrategie, die gelegentlich als „Prinzip der Sparsamkeit" bezeichnet wird. In einem wissenschaftsbiografischen Interview aus dem Jahr 2012 bezeichnet Oevermann das Sparsamkeitsprinzip als eines der drei grundlegenden Interpretationsprinzipien der Objektiven Hermeneutik (Garz/Kraimer/Riemmann 2019: 38). Vgl. dazu auch Wernet 2009: 35ff.

3. Lesartenbildung und Fallstruktur

Wir haben oben schon angemerkt, dass ein *Tschüss* nach einem gemeinsamen Kneipenabend nicht weiter der Rede wert ist. Es handelt sich um einen wohlgeformten, erwartbaren, den sozialen Regeln und Gepflogenheiten entsprechenden Sprechakt. Insofern wird hier, bezogen auf den Sprecher, kein Fall sichtbar, d. h., es liegt mit dieser Verabschiedung keine besondere, individuierte Praxis vor. Wir werden dieses Thema an anderer Stelle noch ausführlich behandeln (vgl. Kapitel VI). Hier sei nur darauf hingewiesen, dass die Frage der Fallspezifität sich methodisch sehr einfach als Frage der *Differenz* zwischen tatsächlichem Kontext und Normalkontext verstehen lässt. Liegt eine solche Differenz nicht vor, lässt sich auch keine Fallbesonderung rekonstruieren. Eine solche wird erst dann sichtbar und interpretativ thematisch, wenn wir gedankenexperimentell eine Differenz feststellen können. Diese kann, wie im Falle der Fehlleistungen (vgl. Kapitel I), sehr markant und offensichtlich sein. In der Forschungspraxis haben wir es dagegen meist mit unscheinbaren Passungsproblemen zwischen Äußerung und Kontext zu tun. Und es sind erfahrungsgemäß gerade die unscheinbaren und geringfügigen Differenzen, die zu interessanten und aufschlussreichen Fallstrukturrekonstruktionen führen. Aber wie dem auch sei: Eine Fallstrukturrekonstruktion setzt die Beobachtung eines solchen Passungsproblems voraus. Das heißt im Umkehrschluss: Die Interpretation eines Sprechakts, der sich in völliger Normalitäts- und Konventionalitätsübereinstimmung zum Kontext befindet, führt *nicht* zur Rekonstruktion einer Fallstruktur.

4. Zur Frage der Richtigkeit der Lesartenbildung

Die kontextfreie Interpretation ist von entscheidender Bedeutung, weil sie den zentralen Ort des Richtigkeitsanspruchs der Interpretation (vgl. dazu Kapitel VI) und das Fundament für die weiteren fallrekonstruktiven Schlüsse darstellt. Es ist deshalb unverzichtbar, die Formulierung von Normalkontexten einer sorgfältigen Überprüfung zu unterziehen. Erkenntnislogisch unterliegt dieser Analyseschritt der Gefahr, dass die Formulierung von Normalkontexten nicht auf der Basis geltender sozialer Regeln erfolgt, sondern auf der Basis subjektiver und normativer

Formulierung von Normalkontexten erfolgt auf Basis geltender sozialer Regeln

Voreinstellungen der InterpretInnen. Wenn etwa die Behauptung, die Verabschiedung mit *Tschüss* sei in einem Bewerbungsgespräch unangemessen, kein auf geltenden Regeln beruhendes Urteil darstellt, sondern lediglich auf der subjektiven Einschätzung der InterpretInnen beruht, dann führt sie zu einer ‚falschen', nicht haltbaren Fallstrukturhypothese. Dann unterstellen wir dem Fall eine Eigenheit, die keine ist.

In der Interpretationspraxis erweist sich die Sorge, dass eine subjektive und normative Verfälschung der Lesartenbildung zu einer *‚falschen'* Fallrekonstruktion führt, meist als unbegründet. Denn die der alltäglichen Interpretation korrespondierende normative Voreinstellung neigt viel mehr dazu, der zu interpretierenden Äußerung *keine besondere Bedeutung* zu unterstellen, als eine *falsche* Besonderung zu konstruieren; sie neigt viel mehr dazu, auf eine aussagekräftige Lesartenbildung zu verzichten, als eine unbegründete und unhaltbare Lesartenbildung vorzubringen.

Es ist deshalb wichtig, die Lesartenbildung mit großer Sorgfalt zu überprüfen und sie möglichst prägnant und mit einer gewissen Riskanz vorzunehmen. Um das am Beispiel *Tschüss* zu erläutern: Die Behauptung, dass das *Tschüss* im Kontext eines Bewerbungsgesprächs eine unangemessene Verabschiedung darstellt, bedarf der diskursiven Überprüfung und muss vielleicht relativiert werden. Vielleicht scheint sie uns im Kontext der Bewerbung um eine ErzieherInnenstelle in einem Kinderladen angemessener als im Kontext der Bewerbung um einen Posten bei einer Bank? Wohin auch immer eine solche diskursive Abwägung führen mag; dieser Weg ist allemal fruchtbarer als eine interpretatorische Enthaltsamkeit, die vorsichtig und fehlervermeidend zu dem Schluss kommt, dass man *Tschüss* immer und überall sagen könne und dass diese Form der Verabschiedung nichts zu bedeuten habe. *Dieser* Strategie der Lesartenbildung gelingt zwar die Vermeidung falscher interpretativer Aussagen. Der Preis dieser Vermeidung besteht aber in der Inkaufnahme des Verzichts auf interpretative Erschließung überhaupt.

Problem der zurückhaltenden, fehlervermeidenden Lesartenbildung

5. Einzelaspekte und Missverständnisse im interpretationspraktischen Umgang mit dem Prinzip der Kontextfreiheit

Es sollte deutlich geworden sein, dass das Prinzip der kontextfreien Interpretation nicht heißt, dass der Kontext keine Rolle spielt, sondern dass dieses Prinzip die Trennungen zweier Interpretationsschritte vorsieht:

1. Kontextfreie Interpretation
2. Abgleich dieser Interpretation mit dem tatsächlichen Kontext

Der hohe Stellenwert, der der kontextfreien Bedeutungsexplikation in der Objektiven Hermeneutik zukommt, führt in der Interpretationspraxis allerdings zu einigen Problemen und Missverständnissen.

Tatsächlich stellt die kontextfreie Interpretation eine schwierige, *kontraintuitive* Operation dar. Wenn uns im Alltag jemand fragt, ob er sich ein *Tempo ausleihen* könne, fragen wir nicht lange nach, warum der andere von *ausleihen* spricht. Wir wissen, dass er weder das benutze noch ein unbenutztes Tempo zurückgeben will und wir wollen es auch gar nicht zurück. Allenfalls wird die Eigentümlichkeit des sprachlichen Ausdrucks, wenn sich dies anbietet, ‚witzig' kommentiert:

Beispiel 8: Kannst Du mir ein Tempo ausleihen?

A: Kannst Du mir ein Tempo ausleihen?

B: Kannst Du behalten.

Ansonsten sieht das Verstehen in der alltäglichen Interaktion von einer kontextfreien Interpretation ab und verlässt sich auf den Kontext. Umgekehrt bedarf es einer gewissen, manchmal erheblichen gedanklichen Anstrengung, den Kontext bei der Interpretation auszublenden.

Sequenzen isolieren und zudecken

Um diese gedankliche Anstrengung zu erleichtern, empfiehlt sich der forschungspraktische ‚Trick', die zu interpretierende Sequenz aus dem Zusammenhang zu reißen und sie zunächst isoliert zu betrachten. Wenzl erläutert dieses Vorgehen an einem sehr eindrücklichen Beispiel.[16] Im Rahmen einer klassenöffentlichen Aussprache zu einem Problem zwischen einer Lehrerin und einem Schüler – Anlass ist die Beschwerde des Schülers darüber, dass die Lehrerin ihn als zu dick bezeichnet habe – wendet sich die Lehrerin an diesen Schüler mit den Worten:

Beispiel 9: Was hast du fürn Problem?

> *(…) also erstmal Sm vielleicht kannst du sagen* ***was hast du fürn problem*** *vielleicht kannst du das selber erkennen*

Im Kontext der Aussprache erscheint die Adressierung *was hast du fürn problem* als eine gesprächsöffnende und problemsensible Haltung. Es scheint der Lehrerin wirklich um eine Aussprache zu gehen, in der der Schüler zu Wort kommt und in der er auf eine „wohlwollende pädagogische Zugewandtheit" (Wenzl 2021: 47) trifft: „Du kannst hier ruhig Deine Probleme artikulieren; lass uns darüber reden!" Natürlich fällt auch auf, dass die Formulierung *was hast du fürn problem* etwas komisch ist. Aber ihre Eigentümlichkeit wird gleichsam durch den Redekontext geglättet.

Um dieser Glättung zu entgehen, schlägt Wenzl vor, den Sprechakt isoliert zu betrachten. Das heißt ganz konkret, dass wir nicht nur den Kontext ausblenden, sondern auch den Zusammenhang der längeren Sequenz ignorieren und uns nur mit der Formulierung *was hast du fürn problem* beschäftigen. Es kann dabei forschungspraktisch durchaus hilfreich sein, die Sequenz getrennt zu notieren. Dann kommt man recht schnell zu Kontexten, in denen diese Formulierung nicht der Einladung zu einem Problemgespräch dient, sondern in denen sie eine anpöbelnde, provozierende Geste darstellt. Eigentlich handelt es sich um einen aggressiven Sprechakt: „Obwohl es der Äußerung also, wenn man vom *Inhalt* der einzelnen Wörter ausgeht, um die Frage geht, was für ein Problem jemand habe, lässt sich doch leicht erkennen, dass er *als Sprechakt* nicht zu Kontexten passt, in denen es um eine Problemidentifizierung und -lösung geht, sondern zu Situationen, in denen Konflikte provoziert oder zumindest aktiv fortgesetzt werden." (Wenzl 2021: 46)

Diese Technik des Isolierens der zu interpretierenden Sequenz durch das ‚Zudecken' der Sequenzumgebung wird auch in Interpretations- und Fallwerkstätten (vgl. Kapitel VIII) regel-

16 Vgl. zu dem Folgenden: Wenzl 2021. Das Interaktionsprotokoll stammt aus einem Dokumentarfilm mit dem Titel „Klassenleben".

mäßig angewandt. So einfach und trivial diese Technik auch sein mag; sie leistet eine ausgesprochen hilfreiche Unterstützung der gedanklichen Operation der Abstraktion vom Realkontext. Über die Gewährleistung der Kontextfreiheit hinaus leistet diese Technik die Fokussierung der Diskussion. Dass die Interpretationsgruppe an einer isolierten Textposition diskutiert und dass im Laufe dieser Diskussion Bezugnahmen zu anderen Textstellen und der Sequenzumgebung ausbleiben, hat auch den Sinn, die Teilnehmerinnen und Teilnehmer auf einen gemeinsamen Gegenstand der Diskussion zu verpflichten. Es handelt sich also gleichsam um eine diskursive Disziplinierung, die die diskursiven Erschließungen auf ein gemeinsam zu lösendes Verstehensproblem verpflichtet. Diese Technik hat also auch eine kommunikationsstrukturierende Funktion, die in der Vermeidung instabil wechselnder kommunikativer Bezugnahmen zu sehen ist.

Isolierung der Sequenz als Verpflichtung auf gemeinsamen Gegenstand und diskursive Disziplinierung

Diese Technik des Ausschneidens und Zudeckens eignet sich auch für die ‚einsame', schriftliche Interpretation (vgl. dazu Kapitel VIII). Auch hier ist es ausgesprochen hilfreich, eine zu interpretierende Sequenz aus ihrem Zusammenhang herauszulösen und bei der Lesartenbildung zunächst nur und ausschließlich diese Sequenz zu betrachten.

!

Ein Problem dieser Technik besteht darin, dass der Prozess der Interpretation und Fallrekonstruktion sich in der Praxis meist *nicht* durch den ‚fein säuberlichen' Zweischritt der kontextfreien Interpretation und dem anschließenden Abgleich mit dem Kontext bewerkstelligen lässt. In der Regel erfolgt dieser Prozess durch ein mehrmaliges Hin und Her zwischen kontextfreier Interpretation und kontextbezogener Fallrekonstruktion. Faktisch erfolgt die Analyse also in einem dynamischen Prozess des Ein- und Ausblendens des Kontextes, so dass sich das Problem der Kontextfreiheit immer wieder neu stellt. Kontextfreiheit ist also nicht ein Standpunkt, der stabil eingenommen werden könnte, sondern ein gedankliches Moment in einem spiralförmig zu denkenden Prozess, der sich in der Spannung zwischen Kontextfreiheit und Kontextbezug herstellt. Nicht dieses Hin und Her gilt es zu vermeiden, sondern die Vermengung kontextfreier und kontextbasierter Argumente. Im Idealfall ist im Prozess der Interpretation zu jedem Zeitpunkt klar, ob sich die Explikation

Aus- und Einblenden des Kontextes als kontinuierliches Hin und Her im Interpretationsprozess im Modus der kontextfreien Lesartenbildung oder im Modus des Kontextabgleichs befindet.

Ein typischer Fehler: Das Erraten des realen Kontextes

Gerade in der Gruppendiskussion, aber auch in studentischen Hausarbeiten, ist im Zeichen einer übertriebenen und falsch verstandenen Kontextfreiheit gelegentlich die Tendenz zu beobachten, den Sinn der Interpretation absurderweise darin zu sehen, den tatsächlichen Kontext zu *erraten*. Man beugt sich über ein Protokoll und versucht, Sherlock-Holmes-artig auf den Sprecher und seine soziale Situation zu schließen. In gewisser Weise wird dabei die gedankenexperimentelle Formulierung des Normalkontextes mit dem ‚detektivischen' Entwurf eines tatsächlichen Kontextes verwechselt. Wenn beispielsweise ein Sprecher sagt: *Krieg ich ein Überraschungsei?*, wird die Interpretation sehr schnell zu dem Schluss kommen, dass für diesen Sprechakt der Normalkontext: *Frage bzw. Bitte eines Kindes an Mutter oder Vater* angenommen werden kann. Das wäre jedenfalls ein Kontext, in dem die vorliegende Formulierung als wohlgeformt und nicht abweichend erscheint. Der Schluss, *hier spricht ein Kind*, ist erkenntnislogisch aber nicht haltbar. Der hermeneutisch begründbare Schluss lautet vielmehr: *so spricht typischerweise ein Kind*. Es findet in gewissem Sinne eine Verwechselung zwischen einer tatsachenwissenschaftlichen und einer sinnverstehenden Aussage (vgl. Kapitel I) statt. Der sinnrekonstruierende Schluss auf Tatsachen ist aber allenfalls als Vermutung möglich (*hier spricht wahrscheinlich ein Kind*). Aber diese Hypothese ist forschungslogisch wertlos.[17] Denn sie lässt sich sinnverstehend nicht überprüfen.

Beispiel 10: Überraschungsei

Aus forschungspraktischer Perspektive ist dieser (Fehl-) Schluss meist deshalb absurd, weil ja in der Regel der Kontext, auf den man schließt, bekannt ist, bekannt sein könnte bzw. auf methodisch anderem Wege bekannt gemacht werden kann. Gleichwohl scheint von diesem ‚Kontextratespiel' ein gewisser Reiz auszugehen. Hausarbeiten, die sich mit unterrichtlicher Interaktion beschäftigen, fühlen sich nicht selten dazu herausgefordert, den interpretatorischen Nachweis zu erbringen, dass die analysierte Interaktion im Klassenraum stattgefunden haben

17 Detektivisch wäre ein solcher Schluss natürlich sehr hilfreich. Er würde zu einer Suchhypothese führen. Aber auch hier würde Richtigkeit der Hypothese, also der Beweis der ‚Täterschaft', nicht sinnverstehend, sondern ‚tatsachenwissenschaftlich' erfolgen.

muss. Vielleicht liegt der Reiz dieser interpretativen Entdeckung des Bekannten darin, auf dem Wege des Sinnverstehens einen tatsachenwissenschaftlichen Beitrag leisten zu können. Das ist nachvollziehbar, aber forschungslogisch wertlos. Der Versuch einer interpretativen Kontexterschließung trägt nichts zur Fallrekonstruktion bei.

III. Was ist der Fall? Oder: Wie gelange ich zu einer Fragestellung?

Ein häufig unterschätztes Problem des Forschungsprozesses besteht in der Formulierung einer dem methodischen Vorgehen angemessenen Fragestellung. Mit dem Terminus *Fallbestimmung* betont die Objektive Hermeneutik, dass die Fragestellung in dieser Methode einen Fallbezug voraussetzt. Dabei folgt die Formulierung der Fallbestimmung dem „Scheinwerfermodell". Fallrekonstruktionen profitieren von einer möglichst präzise vorgenommenen theoretischen Ableitung der Fragestellung.

Zwei Beispiele der Entwicklung von Fragestellungen sollen eine Vorstellung vom Prozesscharakter der Fallbestimmung vermitteln.

Den Interpretationsbeispielen, die bisher angeführt wurden, lag keine Fragestellung zu Grunde. Sie dienten lediglich der methodischen Demonstration der objektiv-hermeneutischen Arbeitsweise. So wie man mit einem Messgerät auch außerhalb des ernsthaften Einsatzes seine Funktionsweise vorführen kann oder ein statistisches Auswertungsprogramm mit Phantasiezahlen ablaufen lassen kann, so kann man auch die Textinterpretationsprinzipien der Objektiven Hermeneutik auf beliebige Sequenzen anwenden.

objektiv-hermeneutische ‚Fingerübungen' (vgl. Kapitel IV)

Dass die Methode der Objektiven Hermeneutik solche ‚Fingerübungen' ermöglicht, ist ein für die methodische Schulung ausgesprochen günstiger Umstand. Für diejenigen, die sich diese Methode aneignen wollen, bietet es sich nämlich tatsächlich an, solche Übungen an x-beliebigen Sequenzen, die man irgendwo aufschnappt – eine missglückte Äußerung einer Politikerin, ein Slogan einer Organisation, ein alltagsweltlicher Sprechakt – versuchs- und ‚spaßeshalber' kontextfrei zu interpretieren. Solche Nebenher-Übungen schulen nicht nur das methodische ‚Gespür'; sie führen auch zu interessanten subjektiven Erkenntnis- und Bildungsprozessen. Sie geben Gelegenheit, die Welt auch außerhalb des eigenen, ‚professionellen' Forschungsinteresses mit etwas anderen Augen zu sehen.

Allerdings lösen solche Fingerübungen nicht das Problem eines forschungslogisch sinnvollen Gebrauchs der Methode. Sie sind insofern unernsthaft, als sie keiner systematisch elaborierten Forschungsfrage folgen. Diesem Thema, „Wie gelange ich zu einer Fragestellung?", wollen wir uns im Folgenden zuwenden.

Eine wichtige Vorentscheidung hinsichtlich der Erkenntnismöglichkeiten einer objektiv-hermeneutischen Fallrekonstruktion ist schon in Kapitel I getroffen worden. Tatsachenwissenschaftliche und gesetzesförmige Aussagen lassen sich mit der Objektiven Hermeneutik *nicht* gewinnen. Die Häufigkeit von Eheschließungen und Scheidungen, der statistische Zusammenhang von Bildungserfolg und sozialer Herkunft oder Geschlecht, die Rate des Hochschulzugangs; das alles sind Aussagen, die sinnverstehend weder generiert noch überprüft werden können. Diese Erkenntniseinschränkung ist nicht nur umfangslogisch bemerkenswert; sie ist auch ‚erkenntnispsychologisch' von nicht unerheblicher Bedeutung. Denn es sind vor allem tatsachen- und gesetzesförmige Aussagen, für die das Alltagsdenken sich besonders interessiert und die es als die eigentlich interessanten Aussagen ansieht (vgl. Kapitel I). Es sind vor allem diese Aussagen, die wir mit dem Begriff des Wissens und mit den Attributen richtig und falsch verbinden. Dazu *keinen* forschungslogischen Beitrag leisten zu können, ist zunächst einmal ernüchternd. Wenn Fallrekonstruktionen *dazu* nichts zu sagen haben; wozu haben sie überhaupt etwas zu sagen?

1. Die alltagsweltliche Evidenz der Fragestellung

Dass die Lage der Fallrekonstruktion der Sache nach nicht so ‚deprimierend' ist, wie es gerade angeklungen ist, lässt sich exemplarisch an dem gesellschaftlich und wissenschaftlich prominenten Thema des Zusammenhangs von Bildungserfolg und sozialer Herkunft plausibilisieren. Bezüglich dieses Themenkomplexes verfügen wir über umfangsreiches tatsachenwissenschaftliches Wissen. An diesem Wissen kann man sich allerdings auch die Begrenztheit der quantitativen Methoden und ihrer Aussagen klar machen. Die statistischen Korrelationen, die zwischen sozialen

Parametern empirisch nachgewiesen werden können, führen nämlich zu *Wahrscheinlichkeitsaussagen*. Dieses Wissen folgt der Aussagelogik, dass der Bildungserfolg für Angehörige bildungsnaher Milieus *wahrscheinlicher* ist als für Angehörige bildungsferner Milieus. Solche Aussagen schaffen zwar auf den ersten Blick eine für das Erkenntnisinteresse sehr befriedigende Situation (und natürlich möchte man dieses Wissen nicht missen), aber sie tragen nicht dazu bei, diesen Zusammenhang zu *verstehen*. Die Verstehenslücke solcher Wahrscheinlichkeitsaussagen wird besonders sichtbar durch diejenigen Fälle, die sich ‚unwahrscheinlich' oder ‚erwartungswidrig' verhalten[18]. Wenn man zum Beispiel, wie Bourdieu das vorgeschlagen hat, den Bildungserfolg auf die Ausstattung mit „kulturellem Kapital"[19] zurückführt – die bildungsnahen Milieus statten ihre Angehörige mit einem kulturellen Kapital aus, das ihren Bildungserfolg begünstigt –, trägt das nichts zum Verständnis der erwartungswidrigen Verläufe bei. Im Gegenteil: Eher stellt sich mit dieser Erklärung die unbequeme Frage, warum Angehörige der bildungsnahen Milieus erfolglos bleiben[20] und Angehörige bildungsferner Milieus Bildungserfolge verzeichnen. Zumindest für *diese Fälle* greift die Theorie des kulturellen Kapitals *nicht*. Mindestens für diese Fälle drängt sich auch dem tatsachenwissenschaftlichen Interesse ein Verstehensproblem auf: Was geht in diesen Fällen vor sich?[21]

Wahrscheinlichkeitsaussagen führen *nicht* zum *Verständnis* lebenspraktischer Zusammenhänge

Damit haben wir einen ersten Hinweis zur Beantwortung des Problems der Fragestellung einer objektiv-hermeneutischen Interpretation erhalten. Eine erkenntnislogische Fraglichkeit, die auf dem Wege der Sinnverstehens bearbeitet werden kann, ist sicherlich dann gegeben, wenn etwas zum Fall wird. Dann liefert das empirische Phänomen der sinnverstehenden Wissenschaft einen Gegenstand und eine Fragestellung, die über eine ähnlich suggestive Kraft verfügt wie die tatsachen- und gesetzeswissenschaftliche. Im weitesten Sinne könnte man also den Zuständigkeitsbereich einer objektiv-hermeneutischen Fallrekonstruktion

18 Exemplarisch zu ‚erwartungswidrigen' Schulkarrieren: Silkenbeumer/Wernet 2012.

19 Zu diesem Begriff: Bourdieu 1992.

20 Dazu exemplarisch: Schmeiser 2003.

21 Für diese Forschungshaltung hat Clifford Geertz die berühmte, etwas überdramatisierende Formel „What the devil is going on?" (Geertz 1973: 27) geprägt.

Der Fall als alltagsweltlicher Fall

in Phänomenen ‚abweichenden Verhaltens' lokalisieren. Immer dann, wenn etwas alltagsweltlich zum Fall wird, drängt sich auch die wissenschaftliche Fallperspektive auf. Wenn für das Alltagshandeln ein Verstehensproblem aufgeworfen ist, stellt sich auch der Wissenschaft ein (alltagsweltlich nachvollziehbares) Verstehensproblem. Und so gehört, wie in vielen anderen qualitativen Forschungsansätzen auch, die Untersuchung ‚außergewöhnlicher' sozialer Phänomene zu den privilegierten Gegenständen einer objektiv-hermeneutischen Fallrekonstruktion. Die Frage des Forschungsinteresses beantwortet sich gleichsam vorwissenschaftlich. Weil das Phänomen schon vor seiner wissenschaftlichen Betrachtung zum Fall geworden ist, drängt es sich einer fallrekonstruktiven Bearbeitung auf und entlastet diese von dem Problem der Selbstrechtfertigung.

Offensichtlich entspringt diese Forschungsbegründung einer alltagsweltlichen Relevanz. Das forschungslogische Verstehensproblem beruft sich auf ein alltagsweltliches. Die wissenschaftliche Fraglichkeit ist der alltagsweltlichen entlehnt. Würden wir unser Erkenntnisinteresse grundlegend daran ausrichten, hieße das aber, dass das alltäglich und selbstverständlich Gegebene, also jene Phänomene, die aus der Perspektive der Akteure *keine* Fraglichkeit aufwerfen, *kein* wissenschaftliches Erkenntnisinteresse verdient haben, *nicht* zum Fall gemacht werden können. Das Selbstverständliche (z. B. der Bildungserfolg der ‚Bildungsnahen' oder der Bildungsmisserfolg der ‚Bildungsfernen') wirft kein Verstehensproblem auf; es versteht sich von selbst.

Diese Beschränkung unseres wissenschaftlichen Interesses auf einen alltagsweltlichen Fallbegriff – nur was im Alltagsleben zum Fall wird, wird auch wissenschaftlich zum Fall – würde offensichtlich zu einer unbefriedigenden Einengung des Erkenntnisinteresses führen. Denn das hieße ja, dass ‚normale' oder ‚unscheinbare' Phänomene von vornherein *nicht* als Erkenntnisgegenstand in Frage kämen. Die Frage der sinnstrukturellen Konstitution von Normalität wäre ausgeklammert.

Diese Beschränkung wäre auch grundlagentheoretisch folgenreich. Wir müssten dazu nämlich, von Definitions- und Abgrenzungsproblemen einmal ganz abgesehen, Normalität und Abweichung als völlig heterogene Erkenntnisgegenstände ansehen und würden jeglichen systematischen Zusammenhang zwischen Integration und Desintegration, Anpassung und Anpassungsproblemen, Routine und Krise verneinen. Wenn wir solche Trennungen theoriesprachlich *nicht* vornehmen wollen, müssen wir forschungslogisch (auch) diejenigen Phänomene zum Fall machen, die alltagsweltlich keinen Anlass geben, von einem Fall zu sprechen. Die wissenschaftliche Frage: *Was geht hier eigentlich vor?*, emanzipiert sich gleichsam von der alltagsweltlichen. Sie kann auch auf jene Phänomene angewandt werden, die für das alltagsweltliche Verstehen keinerlei Verstehensproblem aufwerfen.

Die Forschungsfrage eines objektiv-hermeneutischen Forschungsvorhabens k a n n sich an alltagsweltliche Fraglichkeiten anlehnen. Sie nimmt dann ein Verstehensproblem auf, das sich auch dem Alltag stellt. Sie macht forschungslogisch das zum Fall, was schon in der sozialen Welt zum Fall geworden ist.

Diese Herangehensweise profitiert von der alltagsweltlichen S u g g e s t i v i t ä t des Interesses am Außergewöhnlichen, Außerordentlichen, Außeralltäglichen. Forschungslogisch steht die die Befragung des alltagsweltlich Unbefragten dem nicht nach. Die Fragestellung verliert dann aber ihre (vorwissenschaftliche) Suggestivität. Das Erkenntnisinteresse liegt dann nicht auf der Hand, sondern bedarf einer expliziten Begründungsleistung.

2. Die Forschungsfrage unter der Perspektive der latenten Sinnstrukturen

Wenn wir die bisherigen Überlegungen zum Fallbegriff mit der im ersten Kapitel vorgestellten Unterscheidung von manifesten Sinnbezügen und latenten Sinnstrukturen in Beziehung setzen, gelangen wir zu einer Präzisierung des Problems der Fragestellung. Der forschungslogische Anspruch der Rekonstruktion latenter Sinnstrukturen setzt ja eine Differenz zwischen latenten und manifesten Sinndimensionen voraus. Daraus ergibt sich eine spezifische Sichtweise, die sich folgendermaßen darstellt: Forschungslogisch liegt dann und insofern ein Fall vor, als wir eine Differenz zwischen manifesten und latenten Sinnstrukturen rekonstruieren können. Und umgekehrt: liegt eine solche Differenz

!

nicht vor, gibt es auch objektiv-hermeneutisch nichts zu erforschen. *Aus der Perspektive der objektiv-hermeneutischen Methodologie wird der Fall dadurch zum Fall, dass manifeste und latente Motive nicht im Einklang sind.*

Damit ist eine gleichsam generalisierte Fragestellung objektiv-hermeneutischer Untersuchungen gewonnen. Die objektivhermeneutische Fallrekonstruktion ist in besonderer Weise dazu geeignet, die Spannungen und Widersprüche zwischen manifesten Motiven und latenten Sinnstrukturen zu explizieren. Diese Spannungen und Widersprüche machen den Untersuchungsgegenstand erst zum Fall.

Die Antwort auf die Frage: „Was ist der Fall?", lautet also: die ihn charakterisierende Art und Weise des Auseinandertretens manifester Motive und latenter Sinnstrukturen.

Formulierung einer Fragestellung

Aber diese generalisierte Fragestellung löst natürlich nicht das Problem der Formulierung einer *konkreten* Fragestellung für eine *konkrete* Untersuchung. Um eine solche Fragestellung zu formulieren, bedarf es einer Idee davon, in welche Richtung das zu untersuchende Objekt sich durch eine solche Spannung auszeichnet. Mit anderen Worten: Die Formulierung einer Fragestellung setzt eine (mehr oder weniger präzise und ausbuchstabierte) *Theorie des Gegenstands* voraus. In welcher Hinsicht vermuten wir an welchem Gegenstand einen aufschlussreich zu rekonstruierenden Zusammenhang zwischen manifesten Motiven und latenten Sinnstrukturen?

Ich möchte in diesem Zusammenhang exemplarisch Freuds Auftakt zu seinen *Drei Abhandlungen zur Sexualtheorie* anführen. Dieser Auftakt stellt einen sehr konkreten und suggestiven Problemaufriss dar:

> „Die populäre Meinung macht sich ganz bestimmte Vorstellungen von der Natur und den Eigenschaften dieses Geschlechtstriebs. Er soll der Kindheit fehlen, sich um die Zeit und im Zusammenhang mit dem Reifungsvorgang der Pubertät einstellen, sich in den Erscheinungen unwiderstehlicher

> Anziehung äußern, die das eine Geschlecht auf das andere ausübt, und sein Ziel soll die geschlechtliche Vereinigung sein oder wenigstens solche Handlungen, welche auf dem Wege zu dieser liegen. Wir haben aber allen Grund, in diesen Angaben ein sehr ungetreues Abbild der Wirklichkeit zu erblicken; […]" (Freud 1905/1972: 47).

Wir sehen, dass hier rudimentär und andeutungsweise die Differenz manifester und latenter Sinndimensionen in Anspruch genommen wird. Die „populäre Meinung" können wir als Statthalter der manifesten Sinnzuschreibung der gesellschaftlich etablierten Deutung der Sexualität verstehen. Die Elemente dieser „populären Meinung" die Freud anführt (das Sexualleben beginnt mit der Pubertät, es ist heterosexuell, es zielt auf geschlechtliche Vereinigung), betreffen das von ihm unterstellte Alltagsverständnis von Sexualität grundlegend[22]. Es handelt sich nicht um Nebenaspekte, sondern um Zentralaspekte des Sexuallebens und seiner Deutung. Gleichzeitig äußert Freud aber die Vermutung, dass ausgerechnet diese Elemente ein „ungetreues Abbild der Wirklichkeit" darstellen. Damit ist genau jene Idee formuliert, die eine Fragestellung im Spannungsfeld manifester und latenter Motive entwirft.

Natürlich markiert die zitierte Passage bei Freud nicht den Anfang, sondern das Ende eines Forschungsprozesses. Sie steht aus rhetorischen Gründen am Beginn seiner *Drei Abhandlungen zur Sexualtheorie*. Gleichwohl kann das hier aufgeworfene Deutungsproblem als vorbildlich und typisch für die Formulierung einer objektiv-hermeneutisch zu bearbeitenden Fragestellung angesehen werden.

Allerdings verwendet Freud hier eine Rhetorik, die das Ziel einer objektiv-hermeneutischen Fallrekonstruktion nicht ganz zutreffend beschreibt, auf die einzugehen aber für das Verständnis der Erkenntnisrichtung der Fallrekonstruktion lohnend ist. Freud legt nämlich das Bild nahe, dass die Vorstellungen, die sich die „populäre Meinung" macht, *falsch* seien und dass das wissenschaftliche Ziel darin bestehe, zu einem *richtigen* (getreuen statt

22 Wir dürfen vermuten, dass diese Unterstellung der „populären Meinung" zum Zeitpunkt der Textentstehung zutreffend war. Ob und in welchem Maße sie es heute noch ist, ist für die hier vorgestellten Überlegungen unerheblich.

manifest/latent
? = ?
,Schein'/,Sein'

ungetreuen) „Abbild der Wirklichkeit" (ebd.) zu gelangen. Dieses Erkenntnismotiv spielt auch im Kontext der Objektiven Hermeneutik eine große Rolle. Wir folgen diesem Motiv immer dann, wenn wir das Manifeste als ‚Schein', das Latente als ‚Sein' ansehen und wenn wir beanspruchen, mit der Rekonstruktion des Latenten das *eigentliche* Motiv herausgefunden zu haben. Diese Tendenz liegt dann vor, wenn wir, um an ein Beispiel in Kapitel I anzuknüpfen, den Sprechakt: *Kommen Sie doch in meine Brechstunde* dergestalt auslegen, dass sich hinter der freundlichen und kooperativen Einladung des Dozenten ein Widerwille gegen die ‚Sprechstunde' verbirgt und dass das *eigentliche* Motiv des Sprechers darin besteht, die Sprechstunde ‚zum Kotzen' zu finden.

Entdeckung des Latenten als die vermeintlich eigentliche Erkenntnisleistung

Ich glaube, es ist gar nicht vermeidbar, in der Entdeckung des Latenten die *eigentliche* Erkenntnisleistung zu sehen. Tatsächlich besteht ja die spezifische Herausforderung einer objektiv-hermeneutischen Fallrekonstruktion darin, überhaupt zur Ebene der latenten Sinnstrukturen vorzudringen und dieser Ebene empirische und theoretische Aufmerksamkeit zu schenken. Schon darin liegt eine bemerkenswerte Erkenntnisleistung. Denn immerhin wird der Blick auf eine Wirklichkeitsschicht gerichtet, die sowohl von der alltagsweltlichen Deutung als auch von der tatsachen- und gesetzeswissenschaftlich prozedierenden Forschung in der Regel übersehen und ignoriert wird. Insofern ist die Rekonstruktion latenter Sinnstrukturen erkenntnislogisch ‚aller Ehren wert' und die ‚Erkenntnisbefriedigung', die sie verschafft, nur allzu verständlich. Das sollte aber nicht darüber hinwegtäuschen, dass die Rekonstruktion latenter Sinnstrukturen erkenntnislogisch zwar den wichtigsten, aber doch auch lediglich den ersten Schritt darstellt. Wir haben sehr viel gewonnen, wenn wir Aussagen über latent operierende Motive zu gewinnen in der Lage sind. Aber:

Die eigentliche Forschungsfrage gilt dem Rätsel der *Gleichzeitigkeit* manifester und latenter Sinnbezüge. Die eigentliche Anforderung der Formulierung einer Fragestellung impliziert das fallspezifische Spannungsverhältnis zwischen manifestem und latentem Sinn.

3. Zur Theoriegeleitetheit der Forschungsfrage: Die Fallbestimmung

Sein Vorwort zu Erving Goffmans „Wir alle spielen Theater“ beginnt Ralf Dahrendorf folgendermaßen: „Von *Karl Mannheim* wird erzählt, er habe während seiner Zeit an der London School of Economics gelegentlich seine Seminarteilnehmer davongeschickt mit dem Auftrag, in der benachbarten Fleet Street ‚Gesellschaft' zu beobachten und hernach im Seminar über ihre Beobachtungen zu berichten“[23] (Goffman 1959: VII). So sympathisch diese gleichsam voraussetzungslose „Einladung zur Forschung“ auch ist; sie scheint mir weder eine angemessene Beschreibung des Forschungsprozesses zu sein noch den Studierenden dabei zu helfen, einen Forschungszugriff zu finden. Dem Auftrag fehlt es an einer Fragestellung und es wäre durchaus denkbar, dass SeminarteilnehmerInnen später sagen müssen, sie hätten nichts zu berichten: „Ich habe nichts Bemerkenswertes gesehen.“

Was Dahrendorf mit seiner Anekdote in Anspruch nimmt, entspricht dem von Karl Popper so bezeichneten „Kübelmodell der Erkenntnis“. „Unser Geist gleicht sozusagen einem Behälter mit Öffnungen – einer Art Kübel –, in dem sich die Wahrnehmungen und das Wissen ansammeln“ (Popper 1995: 355[24]). Dieser Prozess vollzieht sich ungefiltert durch ein Erkenntnisinteresse. Dem stellt Popper das „Scheinwerfermodell“ entgegen. Die Beobachtung – die alltagsweltliche wie die wissenschaftliche – ist immer schon eine gerichtete und selektive Wahrnehmung. Die *wissenschaftliche* Beobachtung setzt eine wissenschaftlich begründete Gerichtetheit voraus. Die Aufgabe der wissenschaftlichen Theorien ist es, die Begründungen für ihre empirischen Beobachtungen zu liefern. Sie fungieren als „Scheinwerfer“ auf die Realität.[25] Sie können zwar nur einen *Ausschnitt* auf die Realität beleuchten. Aber sie ermöglichen es, einen klaren und scharfen Blick auf diesen Ausschnitt zu werfen. !

---

23 In: Erving Goffman (1959): Wir alle spielen Theater. Die Selbstdarstellung im Alltag. München/Zürich 2003, S. VII.

24 Wobei Poppers Theorie die naturwissenschaftliche Erkenntnis thematisiert.

25 Kübel- und Scheinwerfermodell lassen sich auch mit der geläufigen Unterscheidung von Induktion und Deduktion in Verbindung bringen.

Fallbestimmung = Formulierung einer fokussierten Fragestellung an das Material

Die Forschungsstrategie der Objektiven Hermeneutik folgt dem Scheinwerfermodell. Die *Fallbestimmung* strebt die Formulierung einer fokussierten Fragestellung an das Datenmaterial an. Gegenüber der Einladung von Karl Mannheim hat das etwas Abschreckendes: „Wie viele Bücher muss ich gewälzt haben, um berechtigt zu sein, forschen zu dürfen?“ So ist es nicht gemeint und darum geht es mir nicht. Wenn ich hier betone, dass eine interpretatorische Erschließung von einer (möglichst präzisen) Fragestellung profitiert, ist damit nicht die Vorstellung einer ‚scholastische Selbstkasteiung‘ verbunden. Die Botschaft ist nicht: „Lesen Sie so viele Bücher wie möglich.“ Es geht mir vielmehr darum, vor der naiven Hoffnung, die Fragestellung würde sich schon von selbst aus der Textinterpretation ergeben, zu warnen. So wie man auf die Straße gehen kann, um Gesellschaft zu beobachten, so kann man jedwedes Protokoll sozialer Interaktion objektiv-hermeneutisch interpretieren und wird schon etwas dabei herausfinden. Das ist nicht auszuschließen. Von diesem Vorgehen ist zu befürchten, dass es auf der Stelle tritt. Im besten Fall kommt ihm eine induktive oder explorative Funktion zu. Dann führt es – empirisch motiviert – zu jener Fragestellung, die ihm ursprünglich gefehlt hat.

Mir geht es also weder darum, den Forschungsprozess mit theoriekonventionalistischen Hürden zu belasten noch darum, die Exploration gering zu schätzen. Mir geht es einfach darum darauf hinzuweisen, dass eine objektiv-hermeneutische Fallrekonstruktion davon profitiert, eine möglichst klar konturierte Fragestellung zu formulieren. In der Begriffssprache der Objektiven Hermeneutik betrifft das die Frage der (der konkreten Textinterpretation vorgeschalteten) *Fallbestimmung*. Diese Fallbestimmung besteht in nichts anderem als in der Formulierung einer theoretisch fokussierten Fragestellung an den Fall und seine Interpretation.

4. Und nun? Zwei Beispiele zur Entwicklung einer Fragestellung

Diejenigen Leserinnen und Leser, die eine konkrete Hilfestellung bei der Formulierung einer Fragestellung suchen, werden enttäuscht sein: „Diese ganzen Überlegungen helfen mir nun konkret und praktisch auch nicht weiter!“ Das stimmt nicht ganz.

Immerhin konnten wir ex negativo bestimmte Herangehensweisen ausschließen. Eine auf Tatsachen und Regelmäßigkeiten gerichtete Forschungsfrage ist objektiv-hermeneutisch ebenso wenig zu bearbeiten wie eine auf die empirische Erfassung manifester Motive gerichtete Fragestellung. Darüber hinaus habe ich empfohlen, die Formulierung des Forschungsanliegens nicht an die empirischen Beobachtungen zu delegieren, sondern sie im Vorfeld der Untersuchung möglichst präzise zu konkretisieren.

Die Konkretisierung als solche übersteigt die Möglichkeiten eines Lehr- und Studienbuchs. Eine konkrete Hilfestellung kann nur in einem dialogischen Prozess der Beratung bestehen; nicht in einer lehrbuchförmigen Liste adäquater und aussichtsreicher Forschungsfragen, sondern in dem Prozess der *Entwicklung einer Fragestellung*. Dieser Prozess lässt sich nicht lehrbuchförmig anleiten; erst recht nicht substituieren. Um dennoch eine Vorstellung von diesem Entwicklungsprozess zu vermitteln, will ich im Folgenden zwei Beispiele eines solchen Themenfindungsprozesses in idealisierter und natürlich stark verkürzter Form wiedergeben.

Beispiel 1: Offener Unterricht

1. ***Auftakt***: Eine Studierende äußert die Idee, eine Hausarbeit zum Thema ‚offener Unterricht' zu schreiben. Typischerweise ist eine solche Fragestellung mit praktischen und normativen Ideen verbunden: *Mich interessiert, ob offener Unterricht besser ist als der Normalunterricht.*
2. ***Krise***: Ziemlich schnell wird dann klar, dass das normative Anliegen sich durch objektiv-hermeneutische Fallrekonstruktionen nicht beantworten lässt. Das Anliegen entstammt der pädagogisch-praktischen Welt und dem Bedürfnis und der Notwendigkeit der normativen Selbstpositionierung in dieser Welt. Durch Fallrekonstruktionen lässt sich ein empirisch gesättigtes Bild unterschiedlicher Unterrichtsformen gewinnen. Die Frage, welche Unterrichtsform die ‚bessere' ist, liegt jenseits der fallrekonstruktiven Erkenntnismöglichkeiten.[26]

26 Diese Frage liegt übrigens auch jenseits der tatsachen- und gesetzeswissenschaftlichen Erkenntnismöglichkeiten. Es lässt sich auf diesem Wege vielleicht zeigen, dass bestimmte Unterrichtsformen einen Effekt auf die unterrichtlichen Lernerfolge haben. Aber auch dieser Forschungsbefund

3. ***Reorganisation 1*:** Der normativen Frage wohnt aber eine materiale Hypothese inne: ‚offener Unterricht' *unterscheidet* sich von ‚Normalunterricht'. Hat man erst einmal diese Hypothese formuliert, eröffnet sich damit eine interessante Fraglichkeit. Ist offener Unterricht wirklich so anders als Normalunterricht? Das führt zu einer fallrekonstruktiv handhabbaren Fragestellung.
4. ***Reorganisation 2*:** Ist man bei der Frage der Andersartigkeit des offenen Unterrichts als empirischem Problem angelangt, kann man das Phänomen des *Anspruchs* der Andersartigkeit kaum übersehen. Noch vor jeder empirischen Analyse kann man ziemlich sicher sagen: ‚Offener Unterricht' *will* anders sein.
5. ***Reorganisation 3*:** Daraus ergibt sich eine komplexere Fragestellung: Könnte es sein, dass die Realität des offenen Unterrichts diesen Anspruch nicht einlöst, dass aber dieser Anspruch in der Realität der pädagogischen Interaktion Spuren hinterlässt?
6. ***Synthese*:** Die Fragestellung lautet nun nicht mehr: „Ist offener Unterricht besser als Normalunterricht?", sondern: „Wie zeigt sich empirisch die Realität des offenen Unterrichts? Zeigt sich in dieser empirischen Realität ein unterrichtliches Gegenmodell? Oder zeigt sich ein (mehr oder weniger hilfloses) Ringen um den Anspruch, ein solches Gegenmodell darzustellen? Stellt der offene Unterricht eine ‚Camouflage' des Normalunterrichts dar?".

Beispiel 2: Schüleraustausch

1. ***Auftakt*:** Die initiale Idee für ein Forschungsvorhaben besteht darin, den Schüleraustausch (den ein oder zwei Schulhalbjahre umfassenden Auslandsaufenthalt von Schülerinnen und Schülern im Alter von 15–17 Jahren) zu untersuchen.
   Offensichtlich schließt diese Idee an eine alltagsweltliche Relevanz an. Die Teilnahme an einem Schüleraustausch stellt zwar eine gesellschaftlich etablierte Praxis dar, aber sie ist zugleich auch etwas Besonderes. Der Schüleraustausch ist mit

---

beantwortet nicht die Frage, welche Unterrichtsform besser und wünschenswerter ist.

einer bemerkenswerten gesellschaftlichen Wertschätzung versehen, die den Teilnehmerinnen und Teilnehmern eine gewisse Reputation verschafft. Er stellt für die Jugendlichen und die Familien aber auch eine erhebliche Herausforderung dar.

2. ***Reorganisation 1*:** In dem Themenfeld Schüleraustausch eröffnet sich eine Fülle von Detailfragen und -themen. Dabei gelangt man heuristisch zu folgenden Frage- und Themenkomplexen:
   - Familientheoretische Fragen: Wie wird der Auslandsaufenthalt innerfamilial verhandelt?
   - Adoleszenztheoretische Fragen: Was bedeutet der Auslandsaufenthalt für die Jugendlichen?
   - Soziale Ungleichheit: In welcher Art und Weise fließen milieubedingte Einflüsse in die Entscheidung zum Schüleraustausch ein?
   - Gesellschaftsdiagnostische Fragen: Woher bezieht der Schüleraustausch seine gesellschaftliche Wertschätzung?
3. ***Reorganisation 2*:** So wird die Notwendigkeit, einen konkreten Forschungsbeitrag zu spezifizieren, deutlich. Das entspricht dem oben angesprochenen „Scheinwerferprinzip". Obwohl offensichtlich die unterschiedlichen Aspekte miteinander zusammenhängen und im Austausch stehen, ist forschungspraktisch eine thematische Fokussierung unvermeidlich.
4. ***Reorganisation 3*:** Der Zusammenhang ergibt sich daraus, dass die Entscheidung, an einem Schüleraustausch teilzunehmen, alle genannten Dimensionen involviert. Es ist eine Entscheidung, in der die subjektiven Interessen (SchülerInnen) eingebettet sind in familiale Interessen und immer auch die milieuvermittelte Repräsentanz des gesellschaftlichen Wertemusters von Mobilität und Internationalität mit einfließt. In diesem thematischen (Spannungs-)Feld ließen sich unterschiedliche, objektiv-hermeneutisch bearbeitbare Fragestellungen, formulieren:
5. ***Synthese 1*:** Eine dezidiert *familientheoretische* Fragestellung könnte darin bestehen, auf den Schüleraustausch im Kontext geschwisterlicher Relationen zu fokussieren. Man könnte z. B. der Frage nachgehen, ob und in welchem Maße die älteren

Geschwister durch ihre Entscheidung für einen Schüleraustausch die jüngeren unter Druck setzen.
6. ***Synthese 2***: Eine dezidiert *adoleszenztheoretische* Fragestellung könnte sich der Frage der jugendlichen Ablösung und Autonomisierung zuwenden. Dann stünde die Rolle des Schüleraustauschs als Medium des jugendlichen Identitätsbildungsprozesses im Fokus.
7. ***Synthese 3***: Eine dezidiert *milieutheoretische* Untersuchung könnte den Zusammenhang zwischen der sozialen Lage und der Bereitschaft bzw. den mit der sozialen Lage einhergehenden spezifischen Motiven der Entscheidung in den Blick nehmen. Tatsachenwissenschaftliche Daten (z. B. das Wissen darum, dass der Schüleraustausch fast ausschließlich von GymnasiastInnen praktiziert wird) könnten zum Anlass genommen werden, *fallvergleichend und fallkontrastierend*[27] vorzugehen.

!

Ich hoffe, die idealisiert skizzierten Beispiele geben eine ungefähre Vorstellung von dem Prozess der Entwicklung der Fragestellung. Mir ist es an dieser Stelle sehr wichtig, auf den *Prozesscharakter* hinzuweisen. Die Beispielskizzen vermitteln wahrscheinlich ein zu lineares Bild dieses Prozesses. Natürlich kommt es immer wieder – potentiell nach jeder einzelnen Fallrekonstruktion – zu Neujustierungen der Fragestellung. Und es ist klar, dass Forschungsarbeiten, die unter starken zeitlichen Restriktionen durchgeführt werden, kaum über die eigentlich notwendigen Spielräume für eine solche Neujustierung verfügen: eine Haus- bzw. Semesterarbeit weniger als eine Bachelorarbeit; eine Bachelorarbeit weniger als eine Masterarbeit; eine Masterarbeit weniger als eine Dissertation. Wenn ich die forschungspraktischen Vorteile einer möglichst präzisen *Fallbestimmung* betone, so geschieht das also nicht in der Annahme, dass ein Forschungsbeitrag keiner Neujustierungen und Reorganisationen bedarf. Aber gerade dort, wo die Spielräume für eine solche Neujustierung minimal sind, profitiert die konkrete Forschungsleistung von einer maximal ausbuchstabierten Fallbestimmung.

27 Zum rekonstruktionsmethodologischen Vorgehen der Fallkontrastierung: Kapitel VII.

IV. Das Protokoll als Datum: Was bei der Datenerhebung zu bedenken ist

Die ideale Datengrundlage eines objektiv-hermeneutischen Forschungsvorhabens stellen natürliche Protokolle der Handlungspraxis dar.

Das Problem der Erhebung solcher Protokolle besteht häufig weniger in der Frage der forschungslogischen Passung – diese Frage lässt sich meist leicht beantworten –, sondern in der forschungspraktischen *Erreichbarkeit* natürlicher Protokolle.

Um dieses Problem zu lösen, können wir auf *quasi-natürliche* und *indirekte* Protokolle zurückgreifen. *Quasi-natürliche* Protokolle liegen dann vor, wenn wir eine Realsituation zu Erhebungszwecken simulieren (z. B. durch eine Gruppendiskussion). *Indirekte* Protokolle erhalten wir durch offen-narrative Interviews (z. B. mit Berufsangehörigen).

Das Kapitel schließt mit einigen kurzen Hinweisen zur Interviewführung und zur Transkription.

Es war mir im ersten Kapitel wichtig darauf hinzuweisen, dass die Objektive Hermeneutik ein spezifisches Erkenntnisinteresse voraussetzt und damit Erkenntnislimitationen einhergehen. Von allen erdenklichen erkenntnisorientierten Fragen, die man an die Welt richten kann, ist die Objektive Hermeneutik nur für einen kleinen Ausschnitt zuständig. Insbesondere tatsachen- und gesetzesförmige Aussagen, so haben wir oben argumentiert, lassen sich mit der Objektiven Hermeneutik *nicht* gewinnen. Ihre Zuständigkeit beschränkt sich auf die Rekonstruktion von Sinnstrukturen auf der Grundlage von Protokollen dieser Sinnstrukturen.

Protokolle finden sich überall

Diese Beschränkung geht Hand in Hand mit einer überraschenden, forschungspraktisch ausgesprochen günstigen Ausweitung. Wenn wir uns nämlich fragen, wo wir solche Protokolle – also Ausdrucksgestalten der sinnstrukturierten Welt –

finden, so lautet die Antwort: überall; überall dort, wo soziales Handeln Spuren hinterlassen hat. Das gilt augenfällig für die medial vermittelte und sprachlich protokollierte Welt. Das gilt aber auch für alle sozialen Räume, in denen wir uns bewegen. Öffentliche Plätze, Straßenzüge, Häuserfassaden, Schaufenster, Werbeplakate, Wohnungseinrichtungen und -gestaltungen, usw. usf. Wir sind umgeben und umstellt von Protokollen der sinnstrukturierten Welt. Wir müssen nicht lange nach diesen Protokollen suchen. Sie liegen immer schon vor.[28]

Damit ergibt sich ein ganz anderes Verhältnis zur Empirie als in der quantitativen Forschung. Deren Forschungsgegenstand liegt erst nach erfolgter Datenerhebung vor. Mit dem objektiv-hermeneutischen Forschungsgegenstand (die in Protokollen sich Ausdruck verschaffende Sinnstrukturiertheit) ist alltagsweltlich immer schon gegeben. Man könnte also Karl Mannheims Aufforderung, auf die Straße zu gehen, Gesellschaft zu beobachten und hernach darüber zu berichten (vgl. Kapitel III), objektiv-hermeneutisch umformen in den Ratschlag, auf der Straße, an der Kasse, in der U-Bahn oder irgendwo sonst eine kurze Interaktion aufzuschnappen und zu protokollieren, um dieses Protokoll dann objektiv-hermeneutisch zu interpretieren.

Tatsächlich eignet sich ein solches Vorgehen, wie im zweiten Kapitel ausgeführt, zu Übungszwecken. Wer die objektiv-hermeneutische Textinterpretation einüben will, kann sich ein beliebiges Sequenzstück aus dem Meer der Protokolle, das ihn umgibt, herausnehmen und sich interpretatorisch daran versuchen. Wir können, und das entspricht ja der Idee von Karl Mannheim, insofern wir sie als soziologische Fingerübung verstehen, optimistisch sein, dass diese Interpretationen zu interessanten, erhellenden und bemerkenswerten gesellschaftlichen Detailbetrachtungen führen. Ob es sich um ein Willkommensschild eines Bundeslandes an der Autobahn handelt, um ein Werbeplakat der Bundeswehr, um eine Schlagzeile oder um den Kampf ums Überraschungsei an der Supermarktkasse; die fallrekonstruktive Beschäftigung mit solchen ‚en passant' gewonnenen Protokollen ist nicht nur methodentechnisch, sondern auch material lohnend.

28 Entsprechend könnte man die Suche nach einem ‚reinen Naturerlebnis' als Suche nach der derjenigen Welt beschreiben, in der sich keine protokollierten Spuren menschlichen Handelns, also keine Spuren der sinnstrukturierten Welt finden.

Die Methodenübung führt immer auch zu einer forschenden Erschließung des Gegenstands; wenn auch ‚en miniature'.

Aber natürlich stellen solche – methodischen *und* materialen – Exerzitien keinen seriösen Forschungsbeitrag dar. Sie ermöglichen impressionistische, aber keine theoretisch und methodisch konzentrierten Einblicke und Befunde. Dies setzt, wie in Kapitel III ausgeführt, eine hinreichend spezifizierte Fragestellung voraus und wirft das Problem der *Passung von Fragestellung und Protokoll* auf.[29] Damit stellt sich aber auch die forschungspraktisch eminent wichtige Frage der *Erreichbarkeit* der der Forschungsfrage angemessenen Protokolle.

1. Das ‚richtige' Protokoll: Passung und Erreichbarkeit

Passung von Fragestellung und Protokoll: → *forschungslogisches* Problem

Erreichbarkeit der Protokolle: → *forschungspraktisches* Problem

Ich habe in Kapitel III den Prozess der Entwicklung einer Fragestellung modellhaft skizziert und dabei die Frage des Passungsverhältnisses zwischen Fragestellung und Protokoll und die Frage der Erreichbarkeit des Protokolls ausgeblendet. Während die Frage der Passung ein forschungslogisches Problem darstellt, stellt die Frage der Erreichbarkeit ein *forschungspraktisches* Problem dar. Die Konzeption eines aussagekräftigen Forschungsvorhabens erfordert also eine Korrespondenz zwischen einer empirischen Fragestellung, einem empirisch geeigneten Protokoll und der empirischen Erreichbarkeit dieses Protokolls. Ich möchte diese Problemlage zunächst an einigen Beispielen beleuchten:

Beispiel 1: Unterrichtsforschung (Offener Unterricht)

Wir haben in Kapitel III exemplarisch die Forschungsidee diskutiert, offenen Unterricht entlang der Fragestellung, ob dieser die pädagogischen Erwartungen, die mit ihm verbunden sind, erfüllt und dabei die Unterscheidung von Anspruch und Wirklichkeit in Anschlag gebracht.

Für diese Fragestellung stellen Protokolle unterrichtlicher Interaktion eine geeignete Datengrundlage dar. Solche Proto-

29 Das entspricht in etwa der Frage der Validität in der quantitativen Forschungslogik: wird das gemessen, was gemessen werden soll.

kolle sind, wenn auch unter einigem Aufwand, erreichbar. Die Genehmigung der Schulleitung und die Einwilligung der Beteiligten vorausgesetzt, können wir die unterrichtliche Interaktion protokollieren.

Beispiel 2: Familiale Erziehung

Ein Forschungsinteresse, das der wirklichkeitswissenschaftlichen Rekonstruktion familialer Erziehung gewidmet ist, findet in Protokollen familialer Interaktion eine geeignete Datengrundlage. Die Frage der Angemessenheit der Datengrundlage wirft kein Problem auf. Allerdings stellt sich ein gravierendes Problem der Erreichbarkeit. Familiale Interaktion ist uns nicht zugänglich; jedenfalls nicht auf direktem Weg. In den Alltagssituationen, in denen sie sich vollzieht, sind wir nicht dabei und können auch nicht dabei sein.

Beispiel 3: Klientenorientiertes Berufshandeln

Für alle Fragestellungen, die sich mit einem klientenorientierten Berufshandeln beschäftigen – ein Forschungsinteresse, das in der Regel in professionalisierungstheoretischen Kontexten verortet ist –, würden Protokolle der Klientengespräche ‚unter-vier-Augen' einen geeigneten empirischen Zugang darstellen. Auch hier stoßen wir auf kein forschungslogisches Problem des empirischen Zugriffs; allerdings auf ein erhebliches forschungspraktisches Problem der Erreichbarkeit. Vergleichbar der familialen Situation wird es in diesem Handlungszusammenhang kaum möglich sein, Protokolle der Unter-vier-Augen-Gespräche zu erheben. Das kann im Einzelfall und ausnahmsweise gelingen: Wir finden einen Therapeuten, Sozialarbeiter, Rechtsanwalt, Coach oder Berater, der sich zu einer solchen Untersuchung bereit erklärt und seine Klienten zur Einwilligung bewegt. Aber ein systematischer Zugang zu solchen *diskreten* beruflichen Handlungsfeldern bleibt uns protokollförmig verschlossen.

Beispiel 4: Peer-Group

Für ein Forschungsinteresse, das sich auf Phänomene jugendlicher Peer-Groups richtet, gilt dasselbe, was zur Untersuchung familialer Erziehung und klientenorientierten Berufshandelns gesagt wurde: Der privilegierte Protokolltypus liegt auf der Hand. Er bestünde in Protokollen der Peer-Group-Interaktion. Aber auch hier stellt sich ein Zugangs- und Erreichbarkeitsproblem. Es ist kaum möglich, Interaktionsprotokolle derjenigen Praxis, in der Jugendliche ‚unter sich' sind, zu erheben. Auch hierbei handelt es sich, vergleichbar der familialen und professionellen Praxis, um eine *diskrete* Praxis.

Wenn wir uns an diesen wenigen und assoziativ formulierten Beispielen orientieren, müssen wir schlussfolgern, dass es im Kontext eines objektiv-hermeneutischen Forschungszugriffs häufig unproblematisch ist, das dem Forschungsinteresse angemessene empirische Datum zu bestimmen. Die Frage des *idealen* Protokolls ist meist überraschend einfach zu beantworten. Das forschungspraktisch gravierende Problem besteht in der *Erreichbarkeit* der Protokolle.

2. ‚Natürliche' und ‚quasi-natürliche' Protokolle

Für all diejenigen Forschungsinteressen, denen der Zugriff auf schon vorliegende, in welcher medialen Form auch immer fixierte und zugängliche Protokolle nicht genügt, stellt sich also das Problem der Erreichbarkeit im Sinne der Möglichkeit der Erstellung ‚natürlicher' Protokolle derjenigen Handlungspraxis, der das Forschungsinteresse gilt. Wir müssen also davon ausgehen, dass ein ‚naturalistischer' Zugriff, wie er im Rahmen unserer Beispiele im Falle der Unterrichtsforschung zur Verfügung steht, eher die Ausnahme als die Regel ist. Wie lässt sich dieses Problem lösen?

Maskierung der Forschungspraxis

Ein gedanklich naheliegender Weg der Lösung dieses Problems besteht in einer spionageähnlichen *Maskierung* der Forschungspraxis. Man kann versuchen, in eine forscherisch interessierende Lebenswelt unbemerkt ‚einzudringen', um ihren ‚natürlichen' Zustand zu erfassen und zu untersuchen. Diese Strategien des Zugangs spielen forschungshistorisch tatsächlich eine große Rolle und sie führen auch zu bahnbrechenden und epochalen Forschungsbeiträgen:

- Clifford Geertz hält sich zusammen mit seiner Frau in einem Dorf in Bali auf, um die balinesische Kultur zu erforschen. Er berichtet davon, dass der Forschungsaufenthalt unergiebig verläuft, weil er und seine Frau als Fremde von den Balinesen gemieden und geschnitten werden. Erst eine Polizeirazzia und das ‚konspirative' Verhalten der Ethnologen entspannt die Situation: „Es brachte mir die plötzliche und ungewöhnlich umfassende Aufnahme in eine Gesellschaft, in die ein Außenseiter nur schwer eindringen kann. Es eröffnete mir jenen unmittelbaren inneren Zugang zu einem Aspekt der ‚bäuerlichen Mentalität', die Ethnologen, die nicht das Glück haben, Hals über Kopf mit denen von ihnen beobachteten Menschen vor der bewaffneten Autorität zu fliehen, normalerweise nicht erlangen" (Geertz 1997: 208).
- Ähnlich verfährt William Foote Whyte. Um unterschiedliche Jugendkulturen in einem ‚italienisch' geprägten Stadtviertel in Boston zu untersuchen, lebt er jahrelang in diesem Viertel und wird gleichsam zum Mitglied der Community. Daraus entsteht ein Klassiker der ethnografischen Forschung: *Street Corner Society* (Whyte 1996).
- Talcott Parsons, der in der soziologischen Theoriebildung des 20. Jahrhunderts eine herausragende Stellung einnimmt, berichtet von seinen medizinsoziologischen Untersuchungen Folgendes: „Zum Beispiel konnte ich – ausgestattet mit einem weißen Kittel und einem legitimen (wenn auch nicht medizinischen) Doktortitel – meine Runden durch die Krankenstationen machen, bei Operationen zugegen sein, mich am Hausbesuch-Service des Tufts Medical Center beteiligen und ähnliches mehr" (Parsons 1975, S. 12). Offensichtlich han-

delt sich dabei um eine Strategie der Verheimlichung der Forschungsabsicht.

- Jean Piaget, ein Klassiker der Entwicklungspsychologie, bezieht einen Großteil der empirischen Basis seiner Theorieentwürfe aus der Beobachtung seiner Kinder. Minutiös protokolliert er deren Handlungen und Sprechakte im frühen Kindheitsstadium (vgl. z. B. Piaget 2002). Auch hier liegt eine Maskierung vor: Die Vaterrolle leistet die Maskierung der Forscherrolle.
- In gewisser Weise beruht auch Sigmund Freuds Forschungsbeitrag auf einer solchen Maskierung. Der Hauptfundus seines empirischen Materials besteht in therapeutischen Gesprächen oder besser gesagt, in der therapeutisch motivierten Mitteilungsbereitschaft seiner Patienten. Die therapeutische Situation maskiert hier das Forschungsinteresse.

Ich führe diese Beispiele an, um zu verdeutlichen, dass es bezüglich vieler gesellschaftlicher Handlungsfelder gar nicht so einfach ist, natürliche Protokolle zu erheben und dass bedeutende Forschungs- und Theorieleistungen darauf beruhen, eine originelle, aber forschungspraktisch häufig nicht verallgemeinerbare Lösung des Problems des Feldzugangs gefunden zu haben. Offensichtlich eröffnen diese Strategien der Maskierung einen sehr vorteilhaften und fruchtbaren Forschungszugang. Aber die hier genannten Beispiele machen auch darauf aufmerksam, dass sich aus diesen Strategien kein forschungsmethodisch verallgemeinerbares Prinzip der Datenerhebung ableiten lässt. Aber wenn wir nicht ‚heimlich' forschen wollen; wie lässt sich dann der naturalistische, wirklichkeitswissenschaftliche Forschungsanspruch einlösen?

Maskierungen der Beobachtungs- und Protokollierungssituation eröffnen einen vorteilhaften Feldzugang; sie stellen aber kein verallgemeinerbares Prinzip der Datenerhebung dar.

Quasi-natürliche Protokolle

Eine Möglichkeit des Zugangs zu sozialen Handlungsfeldern, die über natürliche Protokolle nicht erreichbar sind, ist der Umweg über *quasi-natürliche* Protokolle. Was damit gemeint ist, möchte ich an zwei Beispielen veranschaulichen:

Als ein wegweisendes Beispiel der Gewinnung quasi-natürlicher Interaktionsprotokolle kann Ralf Bohnsacks Untersuchung zu jugendlichen Peer-Groups angesehen werden (Bohnsack

1996[30]). Vergleichbar der Untersuchung von William Foote Whyte geht es Bohnsack um kulturelle Differenzen, die sich in Jugendgruppen zeigen, wobei unterschiedliche Gruppen von Lehrlingen und GymnasiastInnen im Vordergrund stehen. Er versucht allerdings nicht, diese Gruppen in ihrem Alltag zu beobachten und dort ihre Interaktionen zu protokollieren, sondern er lädt Mitglieder der Gruppen zu *Gruppendiskussionen* ein. Damit wird ein höchst artifizielles Setting gewählt. Die Gruppenmitglieder befinden sich in einem zu Beobachtungszwecken eingerichteten Interaktionszusammenhang, der weit davon entfernt ist, ihrer alltäglichen Handlungspraxis zu entsprechen. Dieser Forschungszugriff beruht insofern eher auf einer Laborsituation als auf einer naturalistischen Untersuchung.

Gruppendiskussionen

Wenn wir dennoch berechtigt sind, hier von einem quasi-natürlichen Forschungszugriff zu sprechen, beruht das auf der Annahme, dass die Diskussionen der Jugendlichen als solche zwar Artefakte der Erhebungssituation sind, dass sich aber in diesen Diskussionen diejenigen Beziehungsstrukturen und Deutungsmuster, die auch den realen Interaktionen der Gruppe zu Grunde liegen, Ausdruck verschaffen.[31] Die Annahme ist also nicht, dass die Erhebungssituation einen unverstellten Zugriff auf die soziale Realität der Peer-Group ermöglicht. Die Annahme ist aber, dass die Protokolle trotz der artifiziellen Forschungssituation für *diese* Gruppe charakteristisch sind und dass wir deshalb über ein aussagekräftiges empirisches Material hinsichtlich der sinnstrukturellen Aspekte dieser Gruppe verfügen.

Familiale Beziehungsstrukturen werden auch in der ‚artifiziellen' Erhebungssituation sichtbar

Das zweite Beispiel entstammt dem Entstehungskontext der Objektiven Hermeneutik. Hier stand die familiale Interaktion im Zentrum des Forschungsinteresses. Das Forschungsteam hielt sich in den Wohnungen der Familien auf und erstellte dort neben Beobachtungsprotokollen auch Tonbandaufnahmen der Interaktionen (vgl. Oevermann et al. 1976). Damit ist ein auf den ersten Blick ganz anderes Erhebungssetting gewählt als im Falle der Gruppendiskussion. Die Situation ist insofern naturalistisch,

Familiale Interaktion

30 Diese Untersuchung ist auch deshalb wegweisend, weil sie am Ausgangspunkt der von Ralf Bohnsack initiierten Entwicklung der „Dokumentarischen Methode" steht.

31 Bohnsack spricht von einem „kollektiven Bedeutungszusammenhang" (Bohnsack 1989: 23).

als sich die Forscher in die reale familiale Situation begeben. Allerdings verliert diese Situation gerade durch die ‚unmaskierte' und explizite Anwesenheit der Forscher ihre Natürlichkeit. Selbstverständlich entstehen in dieser Erhebungssituation andere Interaktionen als in der unbeobachteten Situation. Sie sind beobachtungsbedingt nicht weniger unnatürlich als die Interaktionen der Gruppendiskussion. Aber ähnlich wie in der Gruppendiskussion sind die so erhobenen Interaktionsprotokolle *nicht fallunspezifisch*. So artifiziell die Aufnahmesituation auch ist; in den Protokollen ihrer Interaktion bleibt die konkrete Familie in ihrer Besonderheit kenntlich. Wir können ihre Besonderheit an den Protokollen ablesen.[32]

Die beiden Beispiele sollten einen Eindruck davon vermittelt haben, warum es gerechtfertigt erscheint, von quasi-natürlichen Protokollen zu sprechen. Immer dann, wenn die forschungslogisch interessierende *Realsituation* empirisch nicht erreichbar ist, wir aber eine Erhebungssituation realisieren können, in der wir davon ausgehen können, dass die *fallspezifischen Interaktionsdynamiken* im Erhebungsprotokoll ihren Niederschlag finden, können wir von quasi-natürlichen Protokollen sprechen. Die Aufnahmesituation führt dabei zweifelsohne zu einer Veränderung der forschungslogisch interessierenden Praxis. Aber diese Veränderung betrifft nicht die *Struktur* der Beziehungen. Unter inhaltlicher, phänomenaler Perspektive handelt es sich also um *artifizielle* Protokolle; unter *struktureller* Perspektive verfügen wir über *natürliche* Protokolle. Diese quasi-natürlichen Protokolle stellen eine geeignete und empirisch belastbare Grundlage für objektiv-hermeneutische Fallrekonstruktionen dar.

Die konkrete Beantwortung der Frage der geeigneten Erhebungssituation hängt natürlich von der Forschungsfrage ab. Für alle Fragen, die im Zusammenhang mit familialer Interaktion stehen, können wir das Szenario der Gruppendiskussion i.w.S. verwenden.[33] Ein Interview mit den Angehörigen einer Familie bzw. eines familialen Haushalts wird uns interessante Einblicke in die Binnendynamik der familialen Beziehungen ermöglichen. Ähn-

32 Ausführlich dazu: Wernet 2020: 115f.

33 Ich gebrauche den Begriff Gruppendiskussion hier in einem sehr weiten Verständnis.

liches gilt für Paarbeziehungen. Wer sich zum Beispiel für ihre jeweilige Binnenlogik interessiert, wird in Paarinterviews ein geeignetes empirisches Datum finden.[34]

Bei der Suche nach quasi-natürlichen Datenerhebungssettings bieten gerade kleinere Arbeiten einen experimentellen Spielraum, den man durch Kreativität und Phantasie nutzen sollte. Vielleicht kann man ein Familieninterview mit einem „Mensch-ärgere-Dich-nicht" oder „Malefiz" Spiel verbinden und dadurch zu sehr interessanten und aufschlussreichen Interaktionsprotokollen gelangen? Vielleicht ist es hilfreich, im Zuge der Rekonstruktion von informellen Aspekten der Leistungsbeurteilungen einer Gruppe von Lehrerinnen und Lehrern einen ‚Problemfall' zur Diskussion zu stellen in der Erwartung, dass in dieser Diskussion pädagogische Haltungen, auch in ihrer Differenz, besser zum Ausdruck kommen als in Einzelinterviews? Auf jeden Fall ist es sinnvoll, solche und vergleichbare Settings nicht nur ins Auge zu fassen, sondern auszuprobieren. Ein mit wenig Aufwand und probehalber erhobenes Protokoll ist für den Forschungsprozess häufig inspirierender, als tiefgründige methodologische Überlegungen zum erkenntnislogischen Stellenwert unterschiedlicher Datenerhebungssettings.

3. Das Interview

Auch in der qualitativen Forschung stellt das Interview das beliebteste Instrument der Datenerhebung dar. Einerseits liefert die Befragung von Probandinnen und Probanden ein relativ gut erreichbares Datenmaterial, andererseits versprechen solche Befragungen empirisch gesicherte Einblicke in die Meinungen, Haltungen und Präferenzen der Akteure zu gewinnen. Während die quantitative Forschung mit standardisierten Fragebögen arbeitet und große Stichproben anstrebt – die an der Stichprobe gewonnenen Aussagen sollen ja auf eine Grundgesamtheit verallgemeinert werden können (vgl. Kapitel VII) –, arbeitet die qualitative Forschung in der Regel mit *offenen, narrativen Interviews*, die in kleinen Fallzahlen durchgeführt werden. Auch in objektiv-hermeneutischen Forschungskontexten wird häufig auf Interviews

34 Vgl. dazu Maiwald 2009.

zurückgegriffen. Dabei handelt es sich ausschließlich um offen-narrative Interviews.

Biografieforschung und narratives Interview

Das *narrative* Interview entstammt dem Kontext der Biografieforschung. Es beruht auf der Idee der interviewförmigen Erhebung autobiografischer Erzählungen und auf der Erfahrung, dass die Interviewees auf der Grundlage nur weniger Interviewstimuli dazu bereit sind, solche Erzählungen ‚aus dem Stegreif' und gleichsam ‚selbstläufig' herzustellen.[35] Mit dieser Forschungsperspektive geht ein sehr spezifisches Forschungsinteresse einher (Biografie) und ein sehr spezifisches Verständnis der Narration. Als Ausdruck der biografischen Selbsteinlassung und Selbstartikulation wird die autobiografische Narration gleichsam als Textgattung behandelt[36], die durch eine eigene „Erzähltheorie"[37] eine ausführliche Würdigung erfährt.

Warum offen-narrative Interviews?

Dieses Konzept ist für die Biografieforschung überzeugend, es lässt sich aber auf andere Forschungskontexte und -interessen nur ‚sinngemäß' übertragen. Wenn wir im Folgenden von *offen-narrativen* Interviews sprechen, dann nehmen wir also nicht eine verbindliche Erzähltheorie in Anspruch, sondern folgen eher einem alltagsweltlichen Erzählbegriff. Wir wollen, dass die Interviewees uns nicht nur als ExpertInnen und InformantInnen ihrer Lebenswelt (sei es ihrer Familie, sei es ihres Berufs, sei es ihrer Migrationserfahrung, usw.) begegnen, sondern dass sie etwas erzählen; dass sie sich also über die Information hinaus artikulieren. Warum? Die Antwort auf diese Frage wurde in Kapitel I gegeben. Die Objektive Hermeneutik stellt keine tatsachenwissenschaftliche Methode dar, sondern eine Methode der Rekonstruktion von Ausdrucksgestalten. Das offen-narrative Interview dient der Herstellung eines *möglichst ausdrucksgestalthaften Protokolls*.

35 Ein grundlegender und viel zitierter Referenztext dazu: Schütze 1983.

36 Rosenthal zum Beispiel unterscheidet in diesem Zusammenhang zwischen Erzählungen, Beschreibungen und Argumentationen. Vgl. Rosenthal 2008: 140.

37 Vgl. Küsters 2009: 24ff.

3.1 Das Interview als Protokoll und Ausdrucksgestalt

Das Interview als Ausdrucksgestalt zu betrachten – und nicht als Informationsquelle –, stellt eine Provokation unseres Normalverständnisses eines Interviews dar. Dieses Normalverständnis beruht darauf, dass die InterviewerInnen von den Interviewees etwas wissen wollen; und dass die Interviewees wissen, was die InterviewerInnen von ihnen wissen wollen. Die InterviewerInnen haben Fragen und die Interviewees haben Antworten. Diese Logik des ExpertInnen- und InformantInneneninterviews ist uns aus journalistischen Interviews vertraut; sie ist uns aus polizeilichen oder gerichtlichen Befragungen (aus Vernehmungen und Verhören) bekannt, sie ist uns aber auch aus der Alltagskommunikation bekannt. Wir lernen im Urlaub oder auf einer Party eine Tierärztin, einen Börsenmakler oder einen Bestattungsunternehmer kennen und wir stellen Fragen, weil uns die Welt, die wir nicht kennen, neugierig macht und weil wir uns von den Antworten auf unsere Fragen eine Erweiterung unseres Wissenshorizonts erhoffen.

ExpertInnen- und InformantInnen-interviews

Dieses alltagsweltliche und journalistische Verständnis des Interviews als ExpertInnen- und InformantInneninterview spielt zweifelsohne auch im Forschungsinterview eine große Rolle. Wir gehen dabei davon aus, dass wir uns qua Interview über eine Handlungspraxis informieren; dass wir diese Handlungspraxis also auf dem Umweg über das Interview *erreichen*. Und natürlich erhalten wir auch in einem offen-narrativen Interview, das wir objektiv-hermeneutisch führen, Informationen, die für unser Forschungsinteresse ggf. von großer Bedeutung sind.

Die forschungslogisch fundierende Dimension des Interviews in der Objektiven Hermeneutik stellt aber die *Ausdrucksgestalthaftigkeit* des Interviewprotokolls dar. Das ergibt sich einfach aus dem Umstand, dass diese Interpretationsmethode auf die Rekonstruktion von durch Ausdrucksgestalten protokollierte Sinnstrukturen spezialisiert ist. Wenn wir also offen-narrative Interviews führen, um damit zu einem ausdrucksgestalthaften Protokoll (statt nur zu Informationen) zu gelangen, dann stellt sich die Frage, welche sinnstrukturierte Praxis der Interviewtext protokolliert.

Nach den obigen Überlegungen zum natürlichen und quasinatürlichen Protokoll können wir also zunächst die Frage aufwerfen: Können wir Interviews als natürliche oder quasi-natürliche

Protokolle bzw. Ausdrucksgestalt derjenigen Handlungspraxis, über die sie berichten, ansehen?

Das Interview als natürliches oder quasi-natürliches Protokoll?

Die Frage, ob ein Interview als natürliches Protokoll derjenigen Handlungspraxis, für die Interviewees als ExpertInnen und InformantInnen gelten, angesehen werden kann, lässt sich leicht beantworten. Selbstverständlich stellt ein Interview mit einer Sozialarbeiterin, einer Lehrerin, einer Ärztin oder einer Mutter *kein* Protokoll der sozialarbeiterischen, pädagogischen, ärztlichen oder mütterlichen Handlungspraxis dar. Diese Feststellung bedarf eigentlich keiner weiteren Begründung. Interviews protokollieren Berichte, Erzählungen, Impressionen, Eindrücke (usw.) *in Bezug* auf die Handlungspraxis; sie stellen aber keinesfalls Protokolle *der* Handlungspraxis dar.

Zentral!
Interviews stellen *keine* Protokolle der Handlungspraxis, über die sie berichten, dar.

Die Frage, ob sich das Interview als quasi-natürliches Protokoll ansehen lässt, hängt natürlich von der Bedeutung des Begriffs ‚quasi-natürlich' ab. Ich habe diesen Begriff oben im Sinne der ‚Simulation' einer Realsituation eingeführt. Die zu Zwecken der Datenerhebung artifiziell erzeugte Situation ist derart gestaltet, dass wir erwarten dürfen, dass diejenigen handlungsleitenden Strukturen, die in der Realsituation wirksam sind, sich auch in der simulierten Situation rekonstruieren lassen. Wenn wir von diesem Verständnis des Begriffs ‚quasi-natürlich' ausgehen, können wir Interviews *nicht* als quasi-natürliche Protokolle der zu erforschenden Handlungspraxis ansehen. Sie stehen in keiner ausdrucksgestalthaften Ähnlichkeit zu derjenigen Handlungspraxis, über die sie berichten.

3.2 Das Interview als indirektes Protokoll

Der Interviewtext repräsentiert forschungslogisch also weder ein natürliches noch ein quasi-natürliches Protokoll der Handlungspraxis. Aber er kann forschungslogisch als *indirektes Protokoll* der Handlungspraxis als empirisch aufschlussreiches Datum der Fallrekonstruktion dienen. Diesen Aspekt der *indirekten Ausdrucksgestalthaftigkeit von Interviewtexten* will ich an einem kleinen Beispiel erläutern:

Beispiel 11: Auf jeden Fall die Persönlichkeit

Auf die *Frage*, was ihrer Meinung nach eine gute Lehrerin ausmache, antwortet eine Grundschullehrerin[38]:

> *Erstmal auf jeden Fall die Persönlichkeit*

Dieser Antwort sieht man unmittelbar an, dass sie weder ein natürliches noch ein quasi-natürliches Protokoll der pädagogischen Praxis (der befragten Lehrerin) darstellt. Es wird eine Meinung über den Beruf artikuliert, die genauso gut von einer Mutter oder von einer Schülerin stammen könnte.

Die Frage, ob eine Interpretation dieser Interviewsequenz zu aufschlussreichen Aussagen über den LehrerInnenberuf gelangt, lässt sich im Vorhinein gar nicht beantworten. Die potentielle berufliche Bedeutung der Sequenz sehen wir ihr nicht an. Dazu bedarf es der Interpretation.

Kurzinterpretation:

Die Frage nach der ‚guten Lehrerin', die die Interviewerin gestellt hat, steht im Kontext des Interesses an der Besonderheit des Berufs. *Was macht einen guten Arzt aus?*; diese Frage zielt darauf, von den ExpertInnen die wesentlichen Aspekte des Berufshandelns mitgeteilt zu bekommen. Diesbezüglich ist die Antwort der Grundschullehrerin irritierend. *Erstmal auf jeden Fall* kündigt keine herausgehobene Fähigkeit an, sondern eine unverzichtbare Grundlage. Würde ein Chirurg gefragt, was einen guten Chirurgen ausmache, könnte er zum Beispiel sagen: *Erstmal auf jeden Fall eine ruhige Hand*. Eine Tierärztin würde vielleicht sagen: *Erstmal auf jeden Fall muss man Tiere mögen.* Die Antwort der Grundschullehrerin kündigt also eine Auskunft zu einer für den Beruf grundlegenden und unverzichtbaren Fähigkeit oder Disposition an. Und insofern kündigt sie ein Ausschlusskriterium an: Wer das *nicht* hat (die ruhige Hand, die Tierliebe), ist für den Beruf ungeeignet.

Nun spricht die Lehrerin von *Persönlichkeit*. Um die Bedeutungsstruktur dieser Wortwahl zu klären, bietet sich eine gedankenexperimentelle *Textkontrastierung* (vgl. dazu Kapitel II) an. Welche Charakterisierungen grundlegender beruflicher Voraus-

38 Das Beispiel entstammt einer Masterarbeit: Özmen 2020: 34.

setzungen wären erwartbar gewesen? *Erstmal auf jeden Fall muss man Kinder mögen; erstmal auf jeden Fall muss man Erziehungsprinzipien haben;* so oder so ähnlich hätte man sich eine Antwort, die auf eine grundlegende berufliche Disposition zielt, vorstellen können. Demgegenüber ist der Hinweis auf die *Persönlichkeit* beruflich unspezifisch. Er nimmt zwar das den Beispielen zu Grunde liegende Element einer der fachlichen Expertise vorgelagerten, gleichwohl unabdingbaren Disposition auf. Allerdings stellt dieser Hinweis keinen materialen Bezug zur beruflichen Praxis her. *Wer keine Persönlichkeit ist, ist für den Beruf der Grundschullehrerin/des Grundschullehrers ungeeignet*; diese Aussage steht in einer auffälligen Beziehungslosigkeit zu den *besonderen* beruflichen Handlungsanforderungen der pädagogischen Praxis im Primarbereich.

Diese Beziehungslosigkeit hängt damit zusammen, dass das Positivattribut *Persönlichkeit*, anders als etwa *Tierliebe*, *ruhige Hand* oder *Erziehungsprinzipien*, nicht nur den beruflichen Bereich betrifft, sondern eine *allgemeine* Positiveigenschaft darstellt. Es handelt sich nicht um eine berufsspezifische ‚Begabung', deren Fehlen in dem jeweiligen Beruf zwar fatal wäre, aber außerhalb des Berufs unerheblich ist – man ist kein schlechterer Mensch, wenn man Tiere nicht mag, keine ruhige Hand hat oder Erziehungsprinzipien ablehnend gegenüber steht –, sondern um eine Begabung, deren Fehlen auch außerhalb des Berufs einen Makel darstellt. Auch ohne das Wort *Persönlichkeit* hier eingehender zu analysieren (das wäre für eine forschungslogisch belastbare Fallrekonstruktion unverzichtbar), können wir die *latente* Sinnstruktur (vgl. Kapitel I) der Äußerung dahingehend rekonstruieren, dass sich hier unter dem Vorzeichen der Angabe einer beruflich unverzichtbaren Disposition eigentlich ein *Selbstlob* Ausdruck verschafft. Hinter der manifesten Aussageintention: *Lehrer sollten eine Persönlichkeit sein*, steht das latente Selbstlob: *I c h bin eine Persönlichkeit = I c h bin eine gute Lehrerin.*

Dieses Selbstlob könnte als Ausdruck einer subjektiven, fallspezifischen Überheblichkeit gelesen werden. Dann hätten wir es lediglich mit einem nicht weiter interessanten Persönlichkeitsmerkmal zu tun. Wir können das Selbstlob aber auch in einen systematischen Zusammenhang zum LehrerInnenberuf setzen. Denn das Selbstlob setzt ja voraus, dass viele Lehrerinnen und Lehrer *nicht* über jene Persönlichkeit verfügen, die für das Berufshandeln als unverzichtbar behauptet wird, und dass die Sprecherin sich einer anderen Gruppe zuordnet, nämlich jenen Lehrerinnen und Lehrern, die das Kriterium *Persönlichkeit* erfüllen. Damit findet eine bemerkenswerte Zweiteilung der pädagogischen Berufswelt statt, die auf der Unterscheidung von guten und nicht guten LehrerInnen beruht und die dieser Unterscheidung höchste Priorität (*erstmal auf jeden Fall*) einräumt.

Diese berufliche Zweiteilung als primärer Mechanismus einer beruflichen Selbstverortung – sich also nicht als Mitglied eines Berufsstandes, sondern als Mitglied einer ‚besseren Hälfte' des Berufsstandes zu verstehen – kann als empirisch verallgemeinerungsfähiges *berufliches* Syndrom vermutet werden (statt in ihm nur ein persönliches, subjektives Motiv zu sehen)[39]. Sie wäre dann Ausdruck eines ‚verunsicherten' Berufstandes; einer beruflichen Lage, die ihre Mitglieder nicht mit der integrativen und identitätsstiftenden Kraft der *Zugehörigkeit* ausstattet, sondern die ihren Mitgliedern einen Berufsstolz nur um den Preis einer besonderen und herausgehobenen Selbstpositionierung ermöglicht.

Genau in diesem Sinne können wir das obige Interviewprotokoll als Ausdrucksgestalt des LehrerInnenberufs verstehen. Es stellt zwar kein direktes Protokoll des Berufshandelns dar, aber ein *indirektes Protokoll* eines u. U. bedeutsamen Aspekts der beruflichen Wirklichkeit.[40]

Die Frage, in welcher Weise im konkreten Fall ein Interviewprotokoll – als Substitut eines natürlichen Protokolls – als *indirektes Protokoll* angesehen werden kann, in welcher Weise wir es also jenseits der Informationen, die sich ihm entnehmen lassen, als handlungspraktisch relevante Ausdrucksgestalt rekonstruieren

39 Diese berufliche Zweiteilung ist schon in der Frage der Interviewerin nach der ‚guten Lehrerin' enthalten. Eine vollgültige Interpretation hätte die Sinnstruktur dieser Frage zu berücksichtigen. Die Antwort der Grundschullehrerin kann aber nicht als alternativlose ‚Suggestion' der Frage interpretiert werden. Denn natürlich hätte die Lehrerin die vorgeschlagene Zweiteilung zurückweisen können: Was heißt gute Lehrerin? Dass die Interviewerin diese Frage überhaupt stellt, deutet darauf hin, dass wir es tatsächlich mit einem übergreifenden Syndrom zu tun haben.

40 Grundlegend zur forschungslogischen Stellung von auf die Berufspraxis zielenden Interviews: Maiwald 2003.

können, lässt sich pauschal nicht beantworten. Das hängt von der Fragestellung ab, das hängt von den ganz konkreten Interviewverläufen ab, das hängt schließlich von der Richtung der Theoriebildung, die sich im Rahmen einer Fallrekonstruktion ergibt, ab. Deshalb war es auch nicht möglich, hier bloß die Interviewsequenz beispielhaft als Ausdrucksgestalt anzuführen. Denn erst die Interpretation der Sequenz konnte Aufschluss darüber geben, ob und in welchem Sinne überhaupt eine aussagekräftige Ausdrucksgestalt vorliegt.

Erst aus der Interpretation ergibt sich, ob und in welchem Sinn die Interviewsequenz als empirisch aussagekräftige indirekte Ausdrucksgestalt der Handlungspraxis angesehen werden kann.

Das belastet den auf Interviews gestützten Forschungsprozess mit einer gewissen Unsicherheit. Denn es ist schlichtweg unmöglich, die forschungslogische Ergiebigkeit des Interviews bzw. einzelner Interviewsequenzen hinsichtlich ihrer sinnstrukturellen Aussagekraft zu beurteilen. Aber diese Unsicherheit stellt eine *produktive* und *aussichtsreiche* Unsicherheit dar. Der Forschungsprozess kann sich zwar nicht auf eine schematisch behauptete Relevanz des Interviews stützen. Er kann aber, gleichsam ex post, in der Durchführung der Sequenzanalyse diese Relevanz im konkreten Fall aufspüren und ausweisen.

4. Hinweise zur Interviewführung

Zum Abschluss dieses Kapitels will ich noch kurz auf die Frage der Interviewführung eingehen. Wie führe ich ein offen-narratives Interview? Diese Frage ist ganz sicher für diejenigen, die ein solches Interview noch nie geführt haben, sehr drängend und mit Verunsicherungen verbunden. Diese Verunsicherungen sind nachvollziehbar, aber unbegründet. Denn der einzige, forschungslogisch fatale Fehler, den man als InterviewerIn begehen könnte, bestünde in der Verhinderung einer freien und spontanen Artikulation der Interviewees. Eine solche Verhinderung ist aber eigentlich nur durch den Einsatz eines standardisierten Fragebogens mögliche. Sobald wir uns in einer gesprächsförmigen, audio-protokollierten Interviewsituation befinden, erhalten wir von den Interviewees ausdrucksgestalthafte Artikulationen. Es ist nicht vorstellbar, ein (sagen wir einmal) halbstündiges Interview zu führen, *ohne* dass sich dabei empirisch aufschlussreiche Ausdrucksgestalten niederschlagen würden. Es kann also nichts schiefgehen!

Das offen-narrative Interview soll die freie und spontane Artikulation fördern.

Insofern ist die Sorge, ‚schlechte', ‚falsche' oder ‚unbrauchbare' Interviews zu führen, unter erkenntnis- und forschungslogischer Perspektive unbegründet.

Gleichwohl erfordert die Interviewsituation eine pragmatische Gestaltung. Denn es handelt sich ja nicht um ein natürlich zustande gekommenes Gespräch, sondern um ein zu Forschungszwecken inszeniertes. Diese Artifizialität führt häufig dazu, dass wir nicht damit rechnen können, dass sich jene Selbstläufigkeit und Mitteilungsfreude einstellt, die wir uns erwünschen.[41] Die Kunst der Interviewführung besteht also darin, in dieser künstlich eingerichteten Situation ein möglichst offenes und lebendiges Gespräch zu führen bzw. zu ‚animieren'.[42]

Führen Sie das Interview so gesprächsförmig wie möglich!
Betreiben Sie Gesprächsanimation!

- Vermeiden Sie Fragen, die zu Ja/Nein-Stellungnahmen oder zu Einsatzantworten einladen.
- Orientieren Sie Ihre Fragen am realen Gesprächsverlauf. Stellen Sie Nachfragen und Verständnisfragen. Fordern Sie zu Erläuterungen auf.
- Vermeiden Sie die mechanische Abarbeitung ihres thematischen Leitfadens. Bringen Sie diesen erst dann ins Spiel, wenn sich die Interviewkommunikation an einem Thema erschöpft hat.
- Die Erhebung ‚objektiver Daten' – also Angaben zum Alter, Familienstand, Beruf usw. – sollte im Anschluss an das gesprächsförmige Interview erfolgen.

---

41 Diesbezüglich kommt dem biografischen Interview eine Sonderstellung zu. In der Regel kann diese Interviewform sich auf die Selbstläufigkeit und Mitteilungsfreude der Befragten verlassen.

42 Heinz Bude kritisiert die ‚erzähltheoretische' Position der Biografieforschung und wählt in diesem Zusammenhang die despektierlich gemeinte Bezeichnung des „Sozialforschers als Narrationsanimateur" (Bude 1985). Wie auch immer man zu dieser Kritik stehen mag; für die Erhebungsstrategie des offen-narrativen Interviews im Kontext eines objektiv-hermeneutischen Forschungsvorhabens stellt die Gesprächsanimation eine vorzügliche Strategie der Datengewinnung dar.

- Ertragen Sie Gesprächspausen. Füllen Sie, wenn die Interviewees schweigen, diese Pausen nicht gleich mit weiteren Fragen. Häufig erfolgen gerade nach längeren Pausen interessante Fortführungen.
- Folgen Sie nicht dem Impuls, das Interview vorschnell zu beenden, weil Sie das Gefühl haben, es sei schon alles gesagt.

5. Hinweise zur Transkription

In den allermeisten Fällen beruht die Datenerhebung auf der Erstellung von Audioprotokollen. Die Textanalyse erfolgt an dem verschriftlichten Audioprotokoll. Das wirft die Frage der Erstellung forschungslogisch verlässlicher Transkriptionen auf; die Frage der richtigen und angemessenen Verschriftlichung der Audioprotokolle.

Die Objektive Hermeneutik sieht keine eigenen Regeln der Verschriftlichung vor. Sie orientiert sich an den in der qualitativen Forschung vorliegenden Konventionen der Transkription[43]. Im Zentrum steht dabei eine gut lesbare Wiedergabe der *Redebeiträge*. Das heißt, dass auf eine möglichst umfassende, partiturähnliche Notation, wie sie z. B. in linguistischen Forschungszusammenhängen zur Anwendung kommt, verzichtet wird (vgl. Dittmar 2002: 111).

In einem sehr übersichtlichen „Vergleichsraster für Transkriptionssysteme" unterscheidet Norbert Dittmar zwischen *verbalen, prosodischen* und *non-verbalen* Elementen der Transkription (vgl. Dittmar 2002: 89, Abb. 5-1):

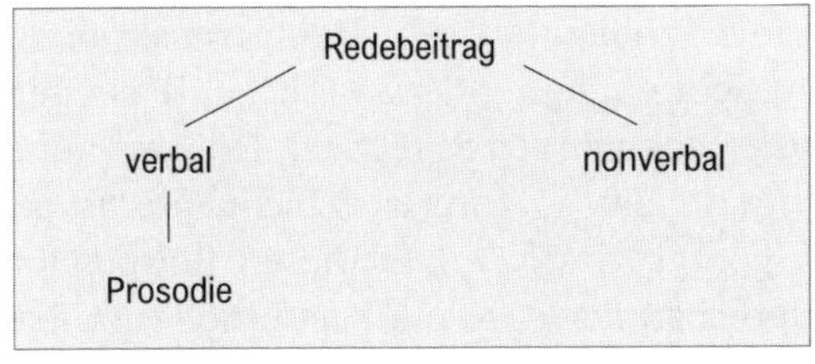

43 Eine häufig eingesetzte Transkriptionskonvention, mit der auch das in Kapitel VI beispielhaft interpretierte Protokoll erstellt wurde, stellt das TiQ (Talk in Qualitative Social Research) – System dar. Hilfreiche Erläuterungen zur Anwendung dieses Transkriptionssystems finden sich in Przyborski/Wohlrab-Sahr 2009: 164ff. Die entsprechenden Transkriptionsregeln finden sich im Anhang dieses Buches.

Die verbale Transkription beinhaltet die wörtliche Verschriftlichung inklusive der Wortfragmentierungen und Verschleifungen. Die Transkription der Prosodie betrifft die lautlichen Aspekte des Redebeitrags, wie etwa Wortbetonungen oder Wortdehnungen. Die non-verbale Transkription hält die nicht-sprachlichen Artikulationen fest, die die Rede begleiten; wie z. B. Lachen, Husten, Seufzen usw.

Minimalanforderung an die Transkription: Wörtlich exakte Notation der Rede

Auf der Grundlage dieser Unterscheidung können wir festhalten, dass die *Minimalanforderung* an ein objektiv-hermeneutisches Transkript in der präzisen Notation der verbalen Redebestandteile besteht. Der Anspruch der exakten wörtlichen Verschriftlichung ergibt sich aus dem Prinzip, der wörtlichen Interpretation (vgl. dazu Kapitel I und II). Der forschungslogische Zugriff auf das, was gesagt wurde, setzt selbstverständlich eine genaue Protokollierung des Gesagten voraus. Dazu gehört nicht nur die Transkription von Wortabbrüchen oder Wortfragmentierungen; dazu gehört auch die Verschriftlichung unvollständiger oder fehlerhafter Wortbildungen und grammatikalisch fehlerhafter Konstruktionen.

Eine solche Transkription von Redebeiträgen lässt sich laienhaft problemlos bewältigen. Sie setzt keine besondere Expertise oder Schulung voraus. Allerdings verlangt die wortwörtliche Transkription eine konzentrierte Anstrengung, die vor allem darin besteht, im Akt der Transkription fehlerbereinigende Normalisierungen zu vermeiden. Diese Neigung zur normalisierenden Korrektur des tatsächlich Gesagten scheint mir die wichtigste Fehlerquelle der Transkription darzustellen. Wir haben es dabei nicht mit einem *technischen*, sondern mit einem *forschungspsychologischen* Problem zu tun. Dann transkribieren wir zum Beispiel bei nicht eindeutig verständlichen Passagen einen uns naheliegend erscheinenden Sprechakt. Oder wir ‚überhören' bei der Transkription, dass im Interview nicht *Sprechstunde*, sondern *Brechstunde* gesagt wurde (vgl. zu diesem Beispiel Kapitel I) und notieren: ‚Sprechstunde'. Das muss natürlich vermieden werden.

Technisch etwas anspruchsvoller gestaltet sich die Transkription von Gesprächsüberschneidungen. Wenn zwei oder mehr RednerInnen *gleichzeitig* sprechen, stellt eine exakte Notation unter Umständen eine Herausforderung dar und ist mit einem erheblichen zeitlichen Mehraufwand verbunden. Auch hier ist es wichtig, präzise vorzugehen. Insbesondere ist es notwendig, dass die wechselseitigen Bezugnahmen der SprecherInnen aus dem Transkript eindeutig hervorgehen.

Von weniger großer Bedeutung ist die Transkription prosodischer und non-verbaler Elemente der Rede. Hier sollte nicht der Versuch unternommen werden, alle potentiell wahrnehmbaren Informationen zu protokolliert. Es genügt, diejenigen redebegleitenden lautlichen Elemente festzuhalten, die aus der Tonaufnahme eindeutig hervorgehen und die eindeutig eine Zusatzinformation zum wörtlichen Protokoll darstellen. Liegt zum Beispiel eine eindeutige und auffällige Betonung eines Wortes vor, muss diese im Transkript markiert werden. Dasselbe gilt für ein deutlich wahrnehmbares Ein- oder Ausatmen, ein Lachen oder ein Kichern. Uneindeutige und unauffällige lautliche Informationen, die aus der Tonaufnahme hervorgehen, sollten im Transkript nicht berücksichtigt werden.

Bezüglich der Frage der *Güte des Transkripts* müssen wir seine forschungslogische Bedeutung in Erinnerung rufen stellen. Für den Forschungsanspruch der Objektiven Hermeneutik bemisst sich die Frage der Güte des Protokolls an der Frage der Fallstrukturrekonstruktion: Ist das Protokoll geeignet, an ihm eine Strukturrekonstruktion vorzunehmen? Das entlastet uns von einem Vollständigkeitsanspruch. Denn die Strukturrekonstruktion benötigt keine ‚vollständigen' Protokolle der Wirklichkeit; sie benötigt Protokolle, die einen empirischen Zugriff auf die sinnstrukturelle Verfasstheit der Wirklichkeit ermöglichen. Diese Protokolle dürfen (und müssen!) unvollständig sein; sie dürfen aber nicht ‚strukturentstellend' sein. Wir können deshalb den Informationsverlust, der mit der Transkription verbaler Interaktion unvermeidlich einhergeht, forschungslogisch dann unproblematisch akzeptieren, wenn dieser Verlust nicht im Zeichen eines die Fallstruktur entstellenden Protokolls steht. Die Lückenhaftigkeit eines Protokolls – dass nicht alle lautlichen Partikel transkribiert sind oder dass das Protokoll auch unverständliche Passagen enthält und diese als solche markiert – bereitet der Strukturrekonstruktion keine Schwierigkeit. Unbrauchbar wird das Transkript erst dann, wenn, wie oben beschrieben, im Akt der Verschriftlichung eine normalisierende ‚Umdichtung' des tatsächlich Gesagten erfolgt.

Praxisempfehlung für die Transkription

- Transkribieren Sie sorgfältig!
- Orientieren Sie sich dabei an dem Kriterium der Eindeutigkeit. Im Zweifelsfall ist ein lückenhaftes Protokoll besser als ein ‚intuitiv' oder ‚sinngemäß' ergänztes.
- Kontrollieren Sie das Transkript, bevor Sie mit der Sequenzanalyse beginnen.

Anonymisierungen, Maskierungen, Pseudonymisierungen

Bei der Transkription müssen alle Informationen, die die Anonymität der Personen, deren Redebeiträge protokolliert werden, aufheben würden, getilgt werden.

Der einfachste und häufigste Fall betrifft den Umgang mit Namen. Diese kann man durch Zeichen ersetzen, die ggf. durch eine Geschlechtsmarkierung ergänzt werden (*Iw* und *Im* stehen dann zum Beispiel für ‚Interviewerin' und ‚Interviewer'). Man kann den realen Namen aber auch durch ein Pseudonym ersetzen. Dann verwendet man einen ‚Phantasienamen'. Dieses Vorgehen erleichtert die Bezeichnung der Rednerinnen und Redner in der schriftlichen Interpretation, weil wir dann Namen statt Kürzel verwenden können.[44]

Alle darüber hinausgehenden Fragen der Anonymisierung, Maskierung oder Pseudonymisierung müssen von Fall zu Fall entschieden werden. Bei Orts- und Zeitangaben und bei der Nennung von Institutionen muss erwogen werden, in welchem Maß eine korrekte Wiedergabe Rückschlüsse auf Personen zulassen. Die Faustregel, die man anwenden sollte, lautet: Alle Informationen, die eindeutig keinen Rückschluss auf die Person zulassen, bedürfen *nicht* der Maskierung. Im Zweifelsfall muss eine Maskierung erfolgen.

---

44 So haben wir der Tochter, die an dem Familiengespräch, das wir in der Beispielinterpretation in Kapitel VI vorstellen, *Sina* genannt, um nicht immer „die Tochter" schreiben zu müssen.

V. Orientierungen im Datenwust: Zur Sequenz- und Fallauswahl

Die Frage der Auswahl von Sequenzen und Fällen, welche und wie viele, stellt sich in der Objektiven Hermeneutik in besonderer Weise. Denn der Umstand, dass kurze Sequenzen eine sehr ausführliche Interpretation erfahren, führt zu der Notwendigkeit eines sehr selektiven Umgangs mit dem Datenmaterial. Die forschungspraktischen Prinzipien, die dabei zu beachten sind, werden in diesem Kapitel erläutert.

In dem vorangegangenen Kapitel haben wir die Frage der Datenerhebung unter der Perspektive der forschungslogischen Angemessenheit und der Erreichbarkeit von Protokollen sozialer Interaktion thematisiert. Wir haben damit den erkenntnislogischen Kern eines Forschungsvorhabens angesprochen. Wenn man eine befriedigende Antwort auf diese Fragen gefunden hat, ist ein tragendes Fundament für das Forschungsvorhaben gewonnen und der folgende Forschungsprozess in einer Art und Weise justiert, dass mit interessanten und aufschlussreichen Forschungsergebnissen zu rechnen ist. Die interpretativen Analysen können nun mehr oder weniger aufschlussreich sein, sie können nun mehr oder weniger gelingen, sie können zu einem mehr oder weniger bemerkenswerten Erkenntnisgewinn führen, mehr oder weniger in ein theoriesprachliches Modell überführt werden; können ‚flach' oder ‚tief' sein, stark oder schwach, aber nicht mehr grundlegend abwegig.

Wir haben dabei drängende forschungspraktische Fragen ausgeklammert:

- Wie viele Fälle soll und muss ich erheben?
- Muss ich bei der interpretatorischen Erschließung alle erhobenen Fälle gleichermaßen berücksichtigen?
- Welche Sequenzen wähle ich aus, um sie einer extensiven Feinanalyse zu unterziehen?

Das Forschungs- und Erkenntnisverständnis der Objektiven Hermeneutik hält für diese und vergleichbare Fragen kein Antwortschema bereit. In dem Fehlen eines solchen Schemas sollte man allerdings kein methodentechnisches Versäumnis sehen. Ein solches Schema fehlt einfach deshalb, weil es erkenntnislogisch unsinnig wäre. Seine Befolgung würde zu keinem Erkenntnisgewinn führen.

Forschungs-praktische Konventionen

Allerdings haben sich forschungspraktische *Konventionen* etabliert. Auch *deren* Befolgung garantiert nicht den Erkenntnisgewinn. Aber die Befolgung solcher Konventionen verleiht dem eigenen Forschungsvorhaben natürlich nach außen eine gewisse Akzeptanz und Anerkennung und nach innen ein Gefühl der Richtigkeit und Sicherheit. Die folgenden Überlegungen und Empfehlungen stehen also unvermeidbar in einem Spannungsverhältnis forschungslogischer und konventionalistischer Aspekte, die sich nicht immer fein säuberlich voneinander trennen lassen.

1. Zur Frage der Sequenzauswahl

Sequenzanalyse (extensive Feinanalyse) gleicht einer fallstrukturellen *Tiefenbohrung*

Gehen wir zunächst davon aus, dass ein längeres Textprotokoll vorliegt; ein Interview, ein Familiengespräch, eine Gruppendiskussion usw. Dann stellt sich ganz einfach das Problem der Sequenzauswahl. Warum liegt darin ein Problem? Wir sollten uns grundlegend vor Augen führen, dass der Forschungszugriff der Objektive Hermeneutik ein mikrologischer ist. Die extensive Analyse kurzer (und das heißt ja notwendig: ausgewählter) Textsequenzen folgt der Idee einer fallstrukturellen Tiefenbohrung. Die Idee ist, dass eine konzentrierte und fokussierte Betrachtung Sinnschichten sichtbar macht, die einer flächigen Betrachtung entgehen würden. Diese ‚Detailverliebtheit' oder ‚Detailversessenheit', die der objektiv-hermeneutischen Analyse eigen ist, ist aber kein Selbstzweck. Es geht nicht um das Detail, sondern um die sich in diesem Detail Ausdruck verschaffende Struktur. Das dem Detail entgegengebrachte Erkenntnisinteresse gilt eigentlich der Fallstruktur, die dieses Detail hervorgebracht hat.

Das heißt einerseits, dass wir dem Text als Datum in einem umfangslogischen Sinne mit Hilfe der Objektiven Hermeneutik (sowenig wie mit jeder anderen verstehend-interpretierenden Methode) nicht gerecht werden können. Schon die Analyse eines zehnseitigen Interviewtranskripts (das entspräche in etwa einem halbstündigen Interview) kann unmöglich vom ersten bis zum letzten Satz im Stil der objektiv-hermeneutischen Feinanalyse durchgeführt werden. Wenn wir in Rechnung stellen, dass die Interpretation einer einzigen kurzen Sequenz häufig mehrere Seiten in Anspruch nimmt, würde eine solche Interviewinterpretation leicht zu einem 500-seitigen Text anschwellen. Abgesehen davon, dass ein solcher Interpretationstext den konventionellen Erwartungen an einen Diskursbeitrag extrem zuwiderlaufen würde, würde sich dieses Vorgehen auch erkenntnislogisch kaum begründen lassen; jedenfalls dann nicht, wenn wir nicht erwarten können, dass die Fallrekonstruktion uns in jeder einzelnen Sequenz neue Einsichten zu bieten hat.

Fallstruktur reproduktion

Diese Erwartung widerspräche aber gerade strukturtheoretischen Prämissen und auch den forschungspraktischen Erfahrungen der Fallstrukturrekonstruktion. Die strukturtheoretischen Prämissen beinhalten die Annahme, dass Fallstrukturen sich reproduzieren. Würden wir die Fallstrukturreproduktion kategorial ausschließen, machte es weder Sinn, von Strukturen noch von Fall zu sprechen.[45] Die Annahme von Fallstrukturen beinhaltet also notwendig die Annahme ihrer Konstanz und Permanenz. Natürlich müssen wir auch von dem Sachverhalt einer Strukturtransformation ausgehen. Alles, was wir zum Fall machen, ist geworden und wird sich verändern. Aber dieses konstitutiv *historische* Moment sozialer Phänomene entbindet sie nicht von der Eigenschaft der Kontinuität, die wir über einen längeren Zeitraum beobachten und rekonstruieren können. Transformationen können wir nur dadurch methodisch in den Blick nehmen, dass wir einen Fall zu unterschiedlichen, hinreichend auseinanderliegenden Zeitpunkten einer Sinnrekonstruktion unterziehen.[46]

Textprotokolle als Protokolle der Reproduktion der Fallstruktur

Textprotokolle (Ausdrucksgestalten) stellen also unzweifelhaft keine Protokolle der Transformation, sondern der Reproduktion dar. Protokolle sind Momentaufnahmen. Sie protokollieren

45 Oevermanns These des Primats des Neuen und der Krise (gegenüber der Routine) und insofern auch des Primats der Transformation (gegenüber der Reproduktion; vgl. Oevermann 1991), muss m.E. grundlagentheoretisch verstanden werden. In der Forschungspraxis der an Ausdrucksgestalten formulierten Fallrekonstruktion zielen unsere Analysen in aller Regel auf Strukturreproduktionen. Ausführlich dazu: Wernet 2020b.

46 Zum Problem des ‚qualitativen Längsschnitts': Thiersch (Hrsg.) 2020 und die Beiträge, die in diesem Band versammelt sind.

den Fall in seiner ‚Zustandshaftigkeit', nicht in seiner transformatorischen Bewegung. Das lässt sich gut mit der Portraitfotografie vergleichen und an ihr veranschaulichen. Wenn wir hier eine physiognomische Veränderung festhalten und zeigen wollen, wie das ja anlässlich von Geburtstags- oder Hochzeitsfeiern durchaus üblich ist, werden wir Fotos zeigen, in denen eine biografische Veränderung markant zum Ausdruck kommt. Auf dem einzelnen Foto sehen wir keine Veränderung. Wir sehen sie nur im Vergleich. Und selbst wenn wir unterstellen, dass der Veränderungsprozess sich nicht sprunghaft, sondern kontinuierlich vollzieht, würden wir diesen Prozess nicht durch tägliche Fotos versuchen festzuhalten (sondern vielleicht durch jährliche).

Vergleichbar können wir für ein Textprotokoll, zum Beispiel ein Interview, unterstellen, dass sich darin keine merkbare und insofern keine bemerkenswerte strukturelle Transformation vollzieht, sondern dass sich darin der Fall in seinem So-Sein zeigt und rekonstruieren lässt.

Fallstruktur und Sequenzauswahl

Diese kurzen und zugegebenermaßen nicht leicht verständlichen Vorüberlegungen sind für die Frage der *Sequenzauswahl* folgenreich. Stellen wir uns vor, dass die Fallstruktur an jeder Position des Textprotokolls wirksam, also *generativ* ist:

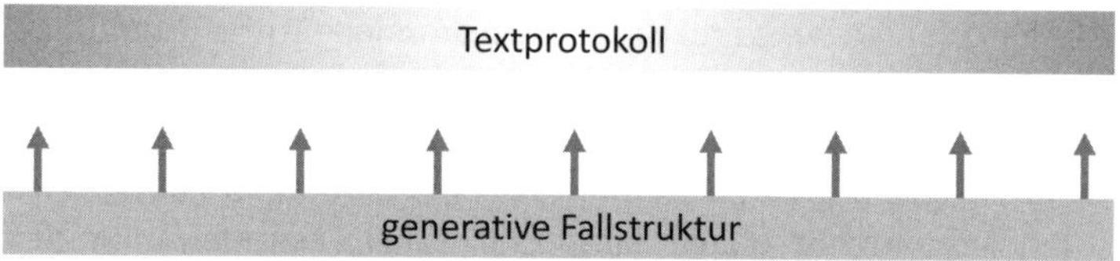

Wenn wir uns dann fragen, an welcher Sequenzposition wir diese Fallstruktur rekonstruieren können, lautet die Antwort:

!

Wir können die Fallstruktur prinzipiell an jeder Sequenzposition rekonstruieren, weil sich an jeder Sequenzposition die Fallstruktur reproduziert!

Das heißt zunächst einmal, dass wir *keine ‚falsche'* Sequenz auswählen können. So wie es keiner besonderer Körperzellen bedarf, um eine DNA-Analyse durchzuführen, bedarf es auch keiner besonderer Sequenzen, um eine Fallstrukturrekonstruktion vorzunehmen. Gehen wir beispielsweise davon aus, dass wir unserer Interpretation drei Sequenzen aus einem Protokoll zu Grunde legen, dann können wir sicher sein, dass wir an jeder Sequenz dieselbe Fallstruktur rekonstruieren können und dass die Rekonstruktionen, die wir an diesen drei Sequenzstellen vornehmen, zur Formulierung von Fallstrukturreproduktionen führen:

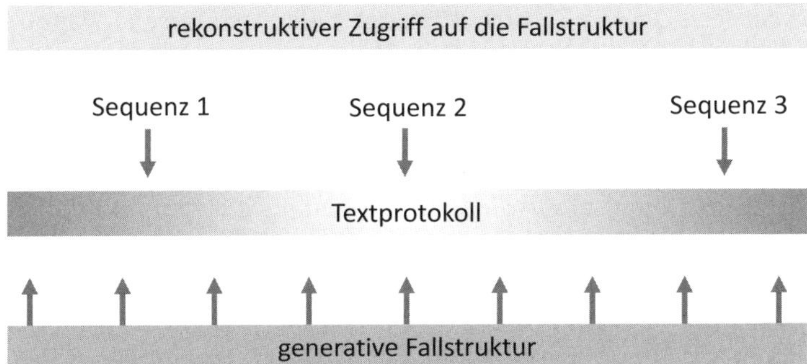

2. Welche Sequenzen?

Diese forschungslogisch-strukturalistische Argumentation liefert dem praktischen Forschungsprozess gute Gründe für die *Freiheit* der Sequenzauswahl. Erkenntnislogisch macht es keinen Unterschied, welche Sequenzen wir auswählen und der Fallrekonstruktion zu Grunde legen. Das aber stellt der konkret vorzunehmenden Auswahl und ihrer Begründung keine Auswahlkriterien zur Verfügung. Sind unter forschungspraktischer Perspektive tatsächlich alle Sequenzen gleichermaßen geeignet? Ist es wirklich egal, welche Sequenzstränge ich auswähle und meinen Analysen zu Grunde lege? Und wenn die Auswahl beliebig ist: Wie treffe ich sie dann?

Es scheint mir hilfreich zu sein, folgende Unterscheidungen zur heuristischen Orientierung bei der Sequenzauswahl in Rechnung zu stellen:

- *Fallunspezifische Sequenzen*
- *Unscheinbare Sequenzen*
- *Auffällige Sequenzen*

Fallunspezifische Sequenzen

Zur Erläuterung der *fallunspezifischen Sequenzen* bedarf es einer Relativierung der These, dass sich an jeder Sequenzposition die Fallstruktur reproduziert. Mit dieser These ist die Möglichkeit ausgeschlossen, dass sich an einer Sequenzposition 1 eine Fallstruktur rekonstruieren lässt, während sich an einer Sequenzposition 2 *eine ganz andere* Fallstruktur zeigt. Sollte sich forschungspraktisch eine solche Situation einstellen, dann stimmt eine der beiden (oder beide) Rekonstruktionen nicht. Nicht ausgeschlossen ist aber, dass sich die an Sequenzposition 1 gewonnene Fallstruktur an einer anderen Sequenzposition *nicht zeigt*. In diesem Fall liegt eine *fallunspezifische*, wir könnten auch sagen *fallneutrale* Sequenz vor. Diese Unspezifität und Neutralität bedeutet nichts anderes, als dass wir kein *Auseinandertreten manifester und latenter Motive* beobachten können (vgl. Kapitel I.3). Dort, wo der manifeste Sinn nicht in Spannung gerät zu latenten Sinnschichten und wo sich mithin ein latenter Sinn gar nicht rekonstruieren lässt, liegt keine Fallbesonderung oder Fallspezifität vor. Dort findet die Objektive Hermeneutik keine Angriffsfläche für ihre fallrekonstruktiven Erschließungen.

Fallunspezifische Sequenz = *kein* Auseinandertreten manifester und latenter Motive

Beispiel 12: Gibst du mir mal das Salz

Nehmen wir zur Veranschaulichung dieses Phänomens das Beispiel der familialen Interaktion. Wenn uns die Besonderheit einer konkret vorliegenden Beziehungs- bzw. Interaktionsstruktur interessiert, dann ist offensichtlich, dass diese besondere Fallstruktur nicht in jeder Interaktionssequenz sichtbar wird. Wenn am familialen Essenstisch eine Person sagt: „gibst Du mir mal das Salz“, dann liegt ein Protokoll allgemeiner kultureller Gepflogenheiten vor, dem wir nicht einmal entnehmen können, dass hier Familienmitglieder miteinander kommunizieren. Und wenn das Protokoll verzeichnen würde, dass der Sprecher das Salz gereicht bekommt und „Danke“ sagt, dann läge ein Protokoll einer typischen kulturellen Praxis als Fall vor (wie auch immer man diese Kultur genauer spezifizieren wollte), aber ganz sicher nicht ein Protokoll einer *besonderen* Familiendynamik.

Auch die Anrede „Lieber Rudi" im Kontext einer Ansichtskarte, die man einer befreundeten Person aus dem Urlaub schickt, lässt sich schwerlich als fallspezifischer Ausdruck einer konkreten Beziehung interpretieren. Denn diese Anrede gilt für alle Beziehungsformen, in denen das Du gebraucht wird und in denen überhaupt das Versenden von Urlaubskarten gepflegt wird. Entsprechend würde eine extensive Feinanalyse dieses Textes keinen Aufschluss geben über die besondere Beziehung zwischen dem Sender und dem Empfänger der Karte.

Beispiel 13: Lieber Rudi

Daraus kann die Empfehlung abgeleitet werden, bei der Sequenzauswahl nicht auf fallunspezifische Sequenzen zurückzugreifen bzw. ihnen keine interpretatorische Aufmerksamkeit zukommen zu lassen. Die ausführliche Interpretation solcher Sequenzen mag zu interessanten, fallübergreifenden Erkenntnissen führen (zum Beispiel zur Praxis des Ansichtskartenschreibens); aber sie trägt zur Fallstrukturrekonstruktion *nichts* bei. Die Feinanalyse solcher Sequenzen führt zwar nicht zu einer ‚Beschädigung' der angestrebten Fallrekonstruktion, sie ist aber auch nicht zielführend und insofern unter forschungsökonomischen Gesichtspunkten nicht ratsam.

Allerdings stellen solche fallunspezifischen Sequenzen einen forschungspraktischen Grenzfall dar, den man nur in sehr kurzen Sequenzsträngen antrifft. Nur in der (im übertragenen Sinne) *einsilbigen* Rede verschwindet die Fallbesonderheit im Allgemeinen. Die standardisierte, der bloßen Befolgung konventioneller Rede folgende Kommunikation lässt sich nicht lange aufrechterhalten. In der Regel melden sich schon nach wenigen protokollierten Zeilen – und darin liegt eine geradezu faszinierende Forschungserfahrung, die durch die Objektive Hermeneutik ermöglicht wird – latente Motive zu Wort. Schon in kurzen Sequenzen liegt eine *fallspezifische* Ausdrucksgestalt vor, in der sich die für den Fall charakteristische Spannung zwischen manifesten Motiven und latenten Sinnstrukturen Ausdruck verschafft.

So besteht eigentlich kein Grund zur Sorge bezüglich der Sequenzauswahl. Auch wenn wir die Analyse mit einer fallunspezifischen Sequenz beginnen (*Lieber Rudi*), wird diese Sequenz in kürzester Zeit fallspezifische Anschlüsse und Fortführungen zeigen, die der Fallrekonstruktion dann unproblematisch einen Zugriff ermöglichen. Die Fallunspezifität ist also weniger ein Problem der Sequenzauswahl, als vielmehr ein Problem des feinanalytischen Aufwands, eine fallspezifische Erschließung an einer konkreten und sehr kurzen Sequenz vornehmen zu wollen, die diese einfach nicht hergibt.

Unscheinbare und auffällige Sequenzen

Die Analyse unscheinbarer Sequenzen als überraschende Forschungserfahrung

Kommen wir zur Unterscheidung zwischen *unscheinbaren* und *auffälligen* Sequenzstellen. Sie ist weder trennscharf noch ist sie erkenntnislogisch im strengen Sinne begründet. Dennoch erscheint sie mir hilfreich zum Verständnis der objektiv-hermeneutischen Forschungspraxis und Forschungshaltung. Für die Entwicklung der Methode und für die Selbstvergewisserung ihrer explikativen Kraft war es wichtig, gerade an unscheinbaren Sequenzen, das heißt an solchen Sequenzen, die der flüchtigen Lektüre *nicht* ins Auge springen, die auf den ersten Blick bedeutungslos und nichtssagend erscheinen, die Leistungsfähigkeit der Fallstrukturrekonstruktion unter Beweis zu stellen. Und tatsächlich ist es eine erstaunliche Forschungserfahrung, das komplexe sinnstrukturelle Geflecht einer unscheinbaren, auf den ersten Blick ‚nichtssagenden' Interaktionssequenz offen zu legen. Dann wird forschungslogisch etwas zum Fall, was außerhalb des Forschungszugriffs gar kein Fall war (vgl. Kapitel III). Diese rekonstruktionsmethodologische Forschungserfahrung, an unscheinbaren Sequenzen eine Fallstrukturrekonstruktion vornehmen zu können, steht in Einklang mit den obigen strukturtheoretischen Überlegungen. Die Fallstruktur lässt sich potentiell an *jeder*, das heißt auch an unscheinbaren Sequenzposition, rekonstruieren. Punktuell verschwindet sie zwar hinter dem Allgemeinen (fallunspezifische Sequenzen). Aber von dieser punktuellen, sequenziell flüchtigen Ausnahme abgesehen können wir die Fallstruktur überall sehen.

Allerdings geht mit der Bevorzugung unscheinbarer Sequenzen ein gewisses Misstrauen gegenüber auffälligen Sequenzen einher. Worin begründet sich dieses Misstrauen? Wenn man an jeder Sequenzposition die Fallstruktur rekonstruieren kann; warum wählt man dann die unscheinbaren Stellen? Warum fokussieren wir die Analyse nicht auf die auffälligen und ‚schönen' Sequenzen? Was macht dieses Vorgehen ‚suspekt'?

Die Beantwortung dieser Frage setzt die Klärung des Attributs *auffällig* voraus. Wann sind Sequenzstellen eigentlich auffällig? Oder vielleicht besser: was *macht* sie eigentlich auffällig? Entlang der Unterscheidung manifest/latent können wir hier zwischen zwei Fällen unterscheiden: Auffällig ist eine Sequenz dann, wenn sie in herausgehobener Form

(1) entweder das Selbstverständnis der Akteure oder

(2) in herausgehobener Form die Dissonanzen zu diesem Selbstverständnis zum Ausdruck bringt.

Beiden Artikulationsformen wohnt eine (vorwissenschaftliche) Suggestivität inne. Im ersten Fall beruht die Suggestivität auf der Offensichtlichkeit der Bedeutsamkeit des Manifesten (des Gemeinten); im zweiten Fall auf der Offensichtlichkeit der Bedeutsamkeit des Latenten (des Nichtgemeinten).

Offensichtlichkeit des Manifesten

(1) Die *Offensichtlichkeit des Manifesten* artikuliert sich in jenen Sequenzen, in denen der Fall seine Selbstdeutung gleichsam auf dem Tablett serviert. Wenn im Interview gesagt wird, *ich bin halt ein Einzelkind, ich habe mich schon immer für Tiere interessiert* oder *ich hatte eine schwere Kindheit*, liegen Aussagen vor, die die Interpretation zu erübrigen scheinen. Solche Sequenzstellen, und genau das macht ihre Auffälligkeit aus, nehmen eine (vermeintlich) aussagekräftige Selbstexplikation vor und laden damit dazu ein, die Interpretation auf die Wiedergabe des Gesagten zu beschränken. Tatsächlich ist es aber fallrekonstruktiv nicht aufschlussreich zu wiederholen, dass X ein Einzelkind ist, sich schon immer für Tiere interessiert hat oder eine schwere Kindheit hatte. Mit anderen Worten: Die Offensichtlichkeit des Manifesten stellt eine Einladung zur Paraphrase dar, also eine interpretationstechnische Einladung zur Wiedergabe des Gesagten.

Offensichtlichkeit des Latenten

(2) Die *Offensichtlichkeit des Latenten* artikuliert sich dort, wo die Differenz zwischen manifesten und latenten Motiven als solche manifest wird. Dabei handelt es sich um Sequenzen, in denen die latenten Motive sich nicht verbergen oder verstecken, sondern sich, wie in den Fehlleistungen (vgl. Kapitel I), mit geradezu provozierender Offenheit und Eindeutigkeit präsentieren. In gewisser Weise servieren solche Sequenzen der ‚ungewollten Offenbarung' ihre Interpretation genauso auf dem Tablett wie die ‚gewollten Offenbarungen'. Der Versprecher, anstatt Sprechstunde *Brechstunde* zu sagen, besitzt dieselbe Selbstevidenz wie die im Zeichen des Intendierten (*ich hatte eine schwere Kindheit*) stehende Rede.

Wir haben es also mit zwei völlig unterschiedlichen Formen der Auffälligkeit und der Suggestivität zu tun. Beide Formen sind aufdringlich. Ihre Suggestivität beruht jeweils darauf, dass uns das Gefühl eines unmittelbaren Verstehenszugangs vermittelt wird. Aber die Richtung der suggerierten *Evidenz der Bedeutung* ist jeweils eine andere. In dem einen Fall beruht sie darauf, dass die Selbstinterpretation eine wissenschaftliche Interpretation erübrigt. In dem anderen Fall beruht sie darauf, dass ein offensichtlicher ‚Unfall' der Selbstinterpretation vorliegt und dass dieser Unfall die Offensichtlichkeit der ‚Falschheit' der Selbstinterpretation und der ‚Richtigkeit' des Unfalls dokumentiert.

Das forscherische Misstrauen gegenüber beiden Formen der Auffälligkeit ist durchaus berechtigt. Denn beide Formen suggerieren, dass sich das Problem der Explikation der Fallstruktur gar nicht stellt. Beide Formen teilen uns mit, dass es eigentlich unnötig ist, sich mit ihnen weiter zu beschäftigen; dass es unnötig ist, ihnen sinnverstehend auf den Grund zu gehen.

Auffällige Sequenzen bedürfen derselben Aufmerksamkeit und explikativen Anstrengung wie unauffällige Sequenzen

Dieser Einladung zum unmittelbaren Verstehen und zum Explikationsverzicht dürfen wir nicht folgen. Denn wenn es richtig ist, dass sich die Fallstruktur an jeder Sequenzposition rekonstruieren lässt, dann ist es auch richtig, dass sie an den *schönen* Stellen rekonstruiert werden *kann*. Aber es ist ebenfalls richtig, dass sie an den schönen Stellen rekonstruiert werden *muss*. Keine Ausdrucksgestalt liefert ihre Interpretation gleichsam mit. Keine Ausdrucksgestalt stellt eine Fallrekonstruktion ihrer selbst dar. Die auffälligen, *schönen* Stellen bedürfen deshalb derselben explikativen Anstrengung wie die unauffälligen. Das unmittelbare Verständnis, das ihre Prägnanz der vorwissenschaftlichen Wahrnehmung nahelegt, ersetzt nicht die fallrekonstruktive Erschließung. Im Gegenteil. In gewisser Weise geht mit der Interpretation schöner Stellen die Herausforderung einer gesteigerten methodischen Selbstdisziplinierung einher. Denn sie bieten den Interpreten eine trügerische Selbstexplikation an und verleiten die forschende Erschließung dazu, sich mit der Wiedergabe dieser Selbstexplikation zu begnügen.

Die Präferenz für die Analyse unscheinbarer und unauffälliger Sequenzen beruht also nicht auf der Annahme, dass die Analyse auffälliger Sequenzen weniger ergiebig sei. Sie beruht eher auf ‚forschungspsychologischen' Motiven. Einerseits wohnt fallrekonstruktiv gewonnenen Befunden, die an unscheinbaren Sequenzen gewonnen wurden, ein gleichsam forschungssportiver Reiz inne. Sie fühlen sich als ‚big points' der Forschung an. Andererseits schützt dieses Vorgehen vor dem verführerischen Missverständnis, die auffällige Sequenz bedürfe eigentlich gar keiner Analyse mehr, weil sich hier die Fallstruktur gleichsam manifestiere.

Welche forschungspraktischen Empfehlungen lassen sich aus den vorausgegangenen Überlegungen ableiten?

- Die *fallunspezifische Sequenz* erzeugt eigentlich kein Problem der Sequenzauswahl, sondern eher das forschungsökonomische Problem, sich an diesen Sequenzpositionen interpretativ unproduktiv ‚festzubeißen'. Sobald man den Sequenzausschnitt, der der Feinanalyse unterzogen wird, nicht auf wenige Worte begrenzt, löst sich das Problem der Fallunspezifität von selbst. Pragmatisch gesprochen: eine Sequenzauswahl, die nur zwei oder drei Zeilen eines Transkripts umfasst, wird schon nicht mehr befürchten müssen, der Analyse eine fallunspezifische Ausdrucksgestalt zu Grunde zu legen. Sobald wir uns also nicht auf extrem kurze Sequenzen beschränken, ist die Befürchtung, fallunspezifische Sequenzen ausgewählt zu haben, unbegründet.
- Die Forschungsstrategie, unscheinbare Sequenzstränge auszuwählen und der Analyse zu Grunde zu legen, stellt in gewis-

sem Sinne den *Königsweg der Sequenzauswahl* dar. Einerseits zwingt sie schon deshalb zu einer interpretatorischen Disziplin, weil sie ohne das mühsame Geschäft der feinanalytischen Bedeutungsexplikation nichts hergeben. Andererseits schützt sie auch vor dem Verdacht, ‚billige Punkte' zu machen. Gegenüber dem skeptischen Einwand, dass die Ergebnisse der Fallrekonstruktion lediglich der Sequenzauswahl zu verdanken seien und bei einer anderen Sequenzauswahl sich ganz andere Ergebnisse zeigen könnten – dieser Skeptizismus ist insofern ‚billig', als er durch eine fallrekonstruktive Forschungspraxis gar nicht entkräften werden kann (um den Einwand zu entkräften müsste man eben *jede* Sequenzstelle analysieren) – verschafft die Auswahl unscheinbarer Sequenzen der Interpretation eine starke Position. Gerade die ‚Beliebigkeit', auf die sich die Auswahl solcher Sequenzpositionen berufen kann, bringt den Skeptizismus in die Defensive.

!

- Diese strategischen Vorzüge der Auswahl unscheinbarer Sequenzen sollten aber nicht als forschungspraktische Maxime der *Vermeidung schöner Stellen* verstanden werden. Erkenntnislogisch wäre es absurd, selbstexplikative oder das Latente manifestierende Sequenzen zu meiden und auszuschließen. Man sollte sich aber im Klaren darüber sein, dass die Auswahl dieser Sequenzen keine Ersparnis des explikativen Aufwands mit sich bringt. Im Gegenteil. Die Analyse solcher Sequenzen erfordert die Emanzipation von jenem intuitiven Verständnis, das die Auswahl geleitet hat.
- Genau darin liegt allerdings auch der erkenntnislogische Reiz der Interpretation auffälliger Stellen. Denn in dem Maße, in dem sich die Interpretation von dem ursprünglichen, spontanen Verstehenszugriff zu lösen in der Lage ist, in dem Maße, in dem ihre Ergebnisse also gleichsam ‚kontraintuitiv' sind, verleihen sie der Fallrekonstruktion ein besonderes Erkenntnisgewicht.
- Daraus lässt sich die Empfehlung ableiten:

Wählen Sie diejenigen Sequenzen, die Ihnen wichtig und bedeutungsvoll erscheinen aus, aber emanzipieren Sie sich bei der Analyse von denjenigen Motiven, die Sie zu der Auswahl der Sequenzstelle veranlasst haben. Verfahren Sie bei der Analyse so, als sei es eine x-beliebige, unscheinbare Stelle. Reproduzieren Sie in der Analyse nicht einfach das interpretative Vorverständnis, das zur Sequenzauswahl geführt hat.

3. Wie viele Sequenzen pro Fall?

Vorausgesetzt, es liegt eine forschungspraktische Entscheidung zur Sequenzauswahl vor, stellt sich die triviale Frage: Wie viele Sequenzen muss ich berücksichtigen, um zu einer empirisch belastbaren Fallrekonstruktion zu gelangen? Aus den bisherigen Ausführungen sollte deutlich geworden sein, dass sich auch diese Frage *erkenntnislogisch* seriös nicht beantworten lässt. Der Erkenntnisgewinn einer Fallrekonstruktion hängt nicht davon ab, wie viele Sequenzen interpretiert wurden. Viel wichtiger als die Frage der Anzahl der interpretierten Sequenzen ist die explikative Kraft, mit der die Bedeutungs- und Fallstruktur, die sich an dieser Sequenz gewinnen lässt, erschlossen wird.

Bei der Suche nach Öl, Gold oder Pilzen macht es wahrscheinlich Sinn, nach einem erfolgslosen Versuch den Ort zu wechseln: hier gibt es kein Öl, kein Gold, keine Pilze. Also suchen wir woanders. Dieses Vorgehen empfiehlt sich bei der Fallrekonstruktion *nicht*. Abgesehen von dem Spezialproblem einer fallunspezifischen Kurzsequenz wird eine Fallstrukturrekonstruktion an jeder Sequenzposition fündig. Wenn sie *nicht* fündig wird, liegt das nicht an der ‚falschen' Sequenz, sondern daran, dass es nicht gelungen ist, diese Sequenz interpretativ aufzuschließen. Diese interpretative Schwäche, und darin scheint mir ein zentrales Moment der Forschungshaltung der Objektiven Hermeneutik zu liegen, lässt sich nicht durch einen Wechsel der Sequenzpositionen beheben. Die Hoffnung, dass die Klärungen, die man an der Sequenzposition A nicht gewinnen konnte, sich dann an der Sequenzposition B leicht herstellen ließen, ist sehr verständlich und auch sehr gut nachvollziehbar; aber sie ist trügerisch. Die Suche nach der ‚richtigen' Sequenz, also gleichsam nach der Goldader des Falls, stellt ein unproduktives Ausweichmanöver gegenüber den Schwierigkeiten der fallrekonstruktiven Explikation dar.

Ein typischer Fehler:
Bei Problemen der Erschließung der Fallstruktur sich zur nächsten Sequenz flüchten

Die Frage der Anzahl der Sequenzen, die man pro Fall/Protokoll berücksichtigen sollte, hängt natürlich von der Fragestellung und dem Datenmaterial ab. In der Regel leitet die Fragestellung die Sequenzauswahl an. Wer ein Unterrichtsprotokoll mit einer spezifischen Frage interpretiert (z. B. Unterrichtsstörungen), wird diejenigen Sequenzstellen aufsuchen, die für diese Frage aufschlussreich sind und die anderen außer Acht lassen. Wer ein biografisches Interview interpretiert, wird, wenn er auf eine integrale biografische Rekonstruktion zielt, sich nicht auf zwei oder drei Sequenzen beschränken.

Gehen wir hier der Einfachheit halber von dem Fall aus, dass eine präzise konturierte Fragestellung gegenüber dem Protokoll vorliegt. Nehmen wir als Beispiel die Familienforschung und den Fragefokus ‚Geschwisterbeziehung' und stellen wir uns vor, wir haben in diesem Forschungszusammenhang Familiengespräche geführt und uns liegt ein Protokoll eines solchen Familiengesprächs vor. Dann kommen für die Bearbeitung der Fragestellung selbstverständlich nur diejenigen Sequenzen in Betracht, in denen sich die Geschwisterbeziehung artikuliert. In dieser sehr fokussierten Forschungsperspektive – und eine solche Fokussierung ist auch und gerade für kleinere Forschungsformate unbedingt empfehlenswert – genügt die Analyse weniger Sequenzstellen.

Stellen wir uns vor, dass sich in dem gesamten Familiengespräch 10 Sequenzstellen finden, an denen die Geschwisterbeziehung sich artikuliert; an denen die Geschwister Bezug aufeinander nehmen. Dann stellen diese 10 Sequenzstellen den Datenkorpus dar, den dieses Protokoll zur Verfügung stellt. Wie viele dieser Sequenzstellen müssen interpretiert werden? Ist eine Fallrekonstruktion empirisch belastbar, wenn sie nicht alle 10 Sequenzen berücksichtigt?

Fangen wir mit der zweiten Frage an. Wir haben sie eigentlich schon beantwortet. Selbstverständlich müssen nicht alle 10 Sequenzstellen analysiert werden, um zu einer empirisch belastbaren Fallstrukturrekonstruktion zu gelangen. Dazu genügt, wie wir schon mehrfach betont haben, die Analyse einer einzigen Sequenz.

Wenn dem so ist, d. h., wenn wir an *einer* dieser 10 Sequenzstellen die für diesen Fall charakteristische Dynamik der Geschwisterbeziehung rekonstruiert haben, ist es dann nicht sinnvoll, diese Rekonstruktion an weiteren Sequenzpositionen zu überprüfen? Diese Frage kann eindeutig bejaht werden. Selbstverständlich verleiht der empirische Nachweis der Strukturreproduktion der Fallrekonstruktion ein höheres Maß an Geltung. Die ursprüngliche Fallstrukturhypothese hat sich an der Interpretation einer weiteren Sequenz bestätig. Sie hat sich bewährt.[47] Und mit jeder Hinzuziehung weitere Sequenzen nimmt die Gewissheit über die Richtigkeit der ursprünglichen Fallrekonstruktion zu.

Rekonstruktion weiterer Sequenzen dient der *Bewährung* der Fallstrukturhypothese

Insofern kann man der Behauptung, dass diese Gewissheit im Falle der Interpretation aller 10 Sequenzen in einem empirisch maximal möglichen Ausmaß vorliegt, nicht widersprechen. Allerdings darf man den erkenntnislogischen *Wert* dieses auf Vollständigkeit und Vollumfänglichkeit beruhenden empirischen Kriteriums bezweifeln. Ist es uns gelungen, an einem Sequenzstrang zu einer interpretatorisch überzeugenden Fallstrukturrekonstruktion zu gelangen und zeigt sich an einem zweiten Sequenzstrang dieselbe Fallstruktur, kann die Hinzuziehung einer dritten Sequenzstelle nur noch als forschungspraktisch fast schon luxuriöser Schritt der weiteren Evidenzsicherung begründet werden. Wenn man an der Sequenzposition 1 eine fallspezifische Dynamik einer Geschwisterbeziehung rekonstruiert, sich diese Beziehungsdynamik an der Sequenzposition 2 reproduziert, und man dann an einer Sequenzposition 3 noch einmal, gleichsam sicherheitshalber, dieselbe Beziehungsdynamik rekonstruieren kann, dann braucht es keiner weiteren empirischen Evidenz. Spätestens dann droht die Hinzuziehung weiterer, die Fallstrukturreproduktion bestätigender Sequenzen zu einem langweiligen und repetitiven Unterfangen zu werden. Dann wird die Strukturrekonstruktion, die die reproduktive Dynamik und Energie, mit der sich der Fall in seiner Besonderheit als Fall zeigt, selbst reproduktiv.

!

Zur Überprüfung einer an einer Sequenzposition explizierten Fallstrukturhypothese sollten nicht mehr als zwei weitere Sequenzen herangezogen werden. Bei Berücksichtigung weiterer Sequenzen droht die Fallrekonstruktion repetitiv und redundant zu werden.

47 Vgl. dazu Popper 1994, insbesondere X. Kapitel: Bewährung: 198ff.

4. Zur Fallauswahl

Für die Frage der Fallauswahl liefert das in der qualitativen Forschung allgemein geltende Prinzip der *typologischen Kontrastivität* eine forschungspraktisch verlässliche Orientierungshilfe. Allerdings, und darin liegt eine gewisse forschungspraktische Schwierigkeit, müssen wir hier zwischen einer *kriterialen* und einer *fallrekonstruktiven* Kontrastivität unterscheiden.

Kriteriale Kontrastivität

Die Orientierung an der kriterialen Kontrastivität ist geläufig und bedarf kaum einer weiteren Erläuterung. Wir berufen uns dabei auf gesellschaftlich relevante, *äußere* Kriterien (Alter, Geschlecht, Milieu, Stadt/Land, usw.). Wir interessieren uns für Jugendkulturen und wir kontrastieren bildungsnahe und bildungsferne Milieus.[48] Wir interessieren uns für familiale Erziehung und kontrastieren mütterliches und väterliches Erziehungsverhalten. Wir interessieren uns für Eltern-Kind-Beziehungen und kontrastieren leibliche und nicht-leibliche Elternschaft.

Kontrastierung nach äußeren Kriterien beruht auf theoriegeleiteten Vermutungen

Wenn wir uns die Logik der Kontrastierung, die diesen Beispielen zu Grunde liegt, vor Augen führen, sehen wir, dass die Kontrastierung nach äußeren gegebenen Kriterien nicht einfach auf einer gegebenen, phänomenalen Differenz beruht, sondern *theoriegeleiteten* Vermutungen folgt. Die Kontrastierungsdimensionen sind nicht einfach vor- oder atheoretisch gegeben, sondern sie entspringen selbst einer (mehr oder weniger expliziten) Theorie über den Gegenstand. Wenn wir etwa mütterliches mit väterlichem Erziehungsverhalten kontrastieren, stellen wir damit nicht einfach eine Differenz zwischen einer Gegebenheit A (Mutter) und einer Gegebenheit B (Vater) fest, sondern wir verbinden diese Kontrastierung mit einem theoretischen Modell mütterlicher und väterlicher Erziehung, die wir am Datenmaterial überprüfen und ggf. korrigieren.

---

48 Vgl. dazu die Bemerkungen zu Whyte (1996) und Bohnsack (1989) in Kapitel IV.

Der letzte Punkt ist besonders wichtig. Er verweist schon auf die Idee einer fallrekonstruktiven Kontrastierung. Dabei orientieren wir uns nicht an äußeren Merkmalen, sondern an den fallrekonstruktiv gewonnenen Befunden. Die Fallauswahl beruht dann nicht auf einer kriterialen Vorsortierung der Fälle (und ihrer Erhebung), sondern auf *immanenten*, den fallrekonstruktiven Befunden und ihren theoretischen Implikationen folgenden Überlegungen. Die Frage der Fallauswahl steht also nicht am Beginn eines Forschungsprozesses, sondern sie stellt und beantwortet sich im Laufe dieses Prozesses. Die Strategie der fallrekonstruktiven Kontrastierung ist immer die Frage nach dem nächsten Fall. Und diese Frage beantwortet sich auf der Grundlage der fallrekonstruktiven Befunde, die an dem aktuellen Fall gewonnen wurden. Würden wir bei der Untersuchung des elterlichen Erziehungsverhaltens z. B. auf eine stark ausgeprägte Differenz zwischen einem expressiv-mütterlichen und einem instrumentell-väterlichen Erziehungsstil stoßen, könnte eine von diesem empirischen Befund ausgehende Kontrastierungsstrategie darin liegen, Fälle zu suchen, in denen sich dieser Erziehungsstil genau entgegengesetzt verhält (instrumentell-mütterlich; expressiv-väterlich).[49]

Barney Glaser und Anselm Strauss haben dieses Vorgehen „theoretisches Sampling" („theoretical sampling") genannt. Das Wort Sampling verweist auf die Herstellung eines Datensatzes (‚sample'):

> „Die für das theoretische Sampling […] grundlegende Frage lautet: *welchen* Gruppen oder Untergruppen wendet man sich zwecks Datenerhebung *nächstens* zu? Und mit *welcher* theoretischen *Absicht*? Kurz, wie wählt der Soziologe multiple Vergleichsgruppen aus?[50] Die Möglichkeiten zu vergleichen sind im Prinzip unbegrenzt, und deshalb müssen die

49 Die Unterscheidung zwischen einer expressiven und einer instrumentellen Orientierung hat Talcott Parsons als familientheoretische Elementarkategorie eingeführt (vgl. Parsons 1955: 46). Ich denke, auch ohne auf diese Theorie einzugehen, erschließen sich die Begriffe intuitiv.

50 In der Fußnote heißt es: „Wir bitten den Leser, einzelne oder Aggregate von Personen in Hinblick auf die Strategien komparativer Analyse als Äquivalent von Gruppen anzusehen."

Gruppen nach theoretischen Kriterien ausgesucht werden" (Glaser/Strauss 2005: 55).

In freier Übertragung auf das fallrekonstruktive Vorgehen können wir also von dem Prinzip einer *‚theoretisch angeleiteten Fallerhebung'* sprechen. Allerdings wirft gerade das auf fallrekonstruktiven Befunden beruhende kontrastive Vorgehen das Problem auf, dass es bei der *Fallerhebung* kaum berücksichtigt werden kann. Die *Erhebung* des nächsten Falles unter Berücksichtigung der am aktuellen Fall gewonnenen Befunde vornehmen zu wollen, ist schon deshalb forschungspraktisch nicht realisierbar, weil wir nicht wissen können, welche fallstrukturellen Besonderheiten der nächste Fall aufweist. Wir können zwar gezielt einen kriterial kontrastiven Fall aufsuchen und erheben; wir können aber nicht gezielt einen fallstrukturell kontrastiven Fall aufsuchen und erheben.

„Theoretical Sampling"
- als Prinzip der Datenerhebung (der Erstellung eines Samples)
- als Prinzip der Fallauswahl aus einem gegebenen Sample

M. a. W.: Das Prinzip der Fallkontrastivität lässt sich auf die Fallerhebung in der Regel *nicht* anwenden. Es ist kein Prinzip der Herstellung eines Fallsamples; es ist ein Prinzip der *Fallauswahl angesichts eines gegebenen Fallsamples*. Das bedeutet, dass wir im Rahmen unseres Forschungsinteresses die Datenerhebung zwar an grundlegenden Kriterien ausrichten.[51] Aber das eigentliche, fallrekonstruktiv vorgenommene ‚theoretical sampling' erfolgt dann auf der Grundlage des erhobenen Datensatzes. Die erste Fallrekonstruktion, die wir vornehmen, gibt uns empirisch begründete theoretische Hinweise zu fallrekonstruktiven Kontrastierungsdimensionen, die die Sichtung des weiteren Datenmaterials anleiten.

Vorgehen bei kleineren Arbeiten

Gerade für kleinere Arbeiten, bei denen kein größeres Forschungsteam zur Verfügung steht, um eine umfangreiche Datenerhebung sowie eine vollständige Transkription der Audioprotokolle durchzuführen, ist folgendes Vorgehen ratsam:

51 Wenn wir uns für Geschwisterbeziehungen interessieren, werden wir trivialerweise nur Interviews mit Familien mit zwei oder mehr Geschwistern führen. Und vielleicht können wir dabei die ein oder andere kriteriale Differenz – zum Beispiel Schwester- oder Bruderbeziehungen – berücksichtigen

- Wir gehen davon aus, dass für solche Arbeiten eine Gegenüberstellung zweier rekonstruktiv kontrastierender Fälle meistens schon als ausreichend angesehen werden kann. Je nach Fragestellung und empirischer Lage könnte es sich anbieten, einen dritten Fall – vielleicht in der Logik einer Zwischenlage, vielleicht in der Logik eines untypischen Ausreißers – hinzuzuziehen. Sollten sich weitere Fallkontrastierungen anbieten, können diese natürlich durchgeführt werden. Aber mit der fallrekonstruktiven Beschränkung auf zwei bis drei Fälle liegt m.E. eine respektable Forschungsleistung vor.
- Die Frage, wie viele Fälle erhoben werden sollten, um eine hinreichend kontrastierende Datengrundlag für die Fallrekonstruktionen bereit zu halten, lässt sich nicht verbindlich beantworten. Wenn man sich aber hier auf Prinzipien der forschungspraktischen Handhabbarkeit und der forschungskonventionellen Opportunität beruft, dürfte bei einem solchen Vorgehen die Erhebung von fünf bis zehn Fällen ausreichen. Damit ist einerseits eine gewisse Wahrscheinlichkeit einer Streuung gegeben; andererseits ist ein solcher Datenkorpus für eine individuelle Bearbeitung noch einigermaßen überschaubar und handhabbar.
- Grundsätzlich ist zu empfehlen, eher mehr als weniger Fälle zu erheben. Auf keinen Fall sollte aus der Befürchtung einer forschungspraktischen bzw. forschungsökonomischen Überforderung heraus auf weitere Erhebungen verzichtet werden. Es ist allemal besser, einen erhobenen Fall in der Analyse *nicht* zu berücksichtigen, als ihn erst gar nicht erhoben zu haben.
- Der Anspruch, im Kontext eines individuell verantworteten Forschungsvorhabens die erhobenen Audioprotokolle *vollständig* zu verschriftlichen, stellt eine forschungsökonomische Überforderung dar. Es wäre geradezu fatal, die Erhebungsstrategie an den (eigenen) Transkriptionsressourcen zu orientieren und entsprechend zu limitieren. Es ist forschungspraktisch ratsam und forschungslogisch unbedenklich, die Sequenzauswahl auf der Grundlage der Audioprotokolle vorzunehmen und nur die ausgewählten Sequenzen zu transkribieren.
- Eine kontrastierende Fallauswahl profitiert also von dem Vorliegen eines möglichst großen Samples. Es bedarf aber *nicht* der vollständigen Transkription des Datenmaterials.

VI. Zur objektiv-hermeneutischen Sequenzanalyse: Eine Beispielinterpretation mit Interpretationsaufgaben

Nachdem wir nun einige Hinweise zur Datenerhebung und zur Fall- und Sequenzauswahl gegeben haben, wollen wir im Folgenden an einer ausgewählten Sequenz eine Beispielinterpretation vornehmen. Im Unterschied zu den Textminiaturen, an denen wir bisher das interpretative Verfahren der Objektiven Hermeneutik erläutert haben, handelt es sich dabei um eine zwar kurze, aber ziemlich komplexe Interaktionssequenz aus einem Familieninterview, wie sie typischerweise einer Haus- oder Examensarbeit zu Grunde liegen könnte. Das Material stammt aus einem Forschungsvorhaben zum sogenannten Schüleraustausch (d. h. dem halb- oder einjährigen Auslandsaufenthalt als SchülerIn), das wir an der Leibniz Universität Hannover verfolgen.[52] Im Rahmen dieses Projekts führen wir Interviews mit den Schülerinnen und Schülern und Familieninterviews vor und nach dem Schüleraustausch durch. Grob gesagt geht es dabei um die subjektiven und familialen Motive, einen solchen Schritt zu wagen, und um die Erfahrungen, die mit dem Auslandsaufenthalt und der familialen Trennung einhergehen. Um die Sache nicht zu kompliziert werden zu lassen, verzichte ich hier auf weitere theoretische Überlegungen (vgl. dazu das folgende Kapitel VII).

1. Vorbemerkung: Zum interpretativen Geltungsanspruch: richtige und falsche Interpretationen

Bevor wir mit der sequenziellen Feinanalyse beginnen, möchte ich kurz auf den Geltungsanspruch, den eine objektiv-hermeneutische Interpretation in Anspruch nimmt, eingehen. Tatsäch-

52 An dem Forschungsprojekt sind Charlyn Oesterhaus, Kai Schade und Christian Stichweh beteiligt.

lich geht die Objektive Hermeneutik nämlich davon aus, dass Interpretationen richtig oder falsch sein können. Das ist insofern ‚verwegen', als es keiner tiefgehenden erkenntnistheoretischen Überlegungen bedarf, um den Richtigkeitsanspruch einer Interpretation zu relativieren. Die wissenschaftliche Forschung liefert uns keine ‚letzten Erkenntnisse'; auch nicht die objektiv-hermeneutische Fallrekonstruktion. Aber die Einsicht in die Relativität, Vorläufigkeit und Begrenztheit von Erkenntnissen vermag dem Forschungsprozess keine positive und produktive Orientierung zu geben. Gerade für *interpretativ gewonnene Erkenntnisse* scheint die Relativierung des Erkenntnisanspruchs besonders nahe zu liegen. Hat nicht jede Interpretation ihr Eigenrecht? Kann sich eine Interpretation überhaupt als richtig bzw. falsch erweisen? Ist nicht jede Interpretation ‚subjektiv'? Und ist insofern der Objektivitäts- bzw. der Richtigkeitsanspruch an Interpretationen von vornherein verfehlt?

Diese schwierigen und schwerwiegenden Fragen sollen hier nicht umfassend behandelt werden. Ich möchte diesen Fragen vielmehr zunächst mit einigen skeptischen Gegenfragen etwas den Wind aus den Segeln nehmen:

!

- Gibt es nicht ein falsches Verstehen?
- Können tatsächlich alle Verstehensvorschläge beanspruchen, einen Verstehensgegenstand gleichermaßen zu erschließen?
- Sollten wir wirklich auf einen *erkenntnisorientierten Streit* über Lesarten verzichten?

Vom Standpunkt der Objektiven Hermeneutik aus lassen sich diese Fragen eindeutig beantworten: Es gibt ein Falschverstehen, wir können bessere und schlechtere interpretative Erschließungen unterscheiden und wir können über Lesartenbildungen erkenntnislogisch produktiv streiten.

> Der Objektivitätsanspruch der *Objektiven* Hermeneutik beruht nicht auf der Vorstellung endgültiger Wahrheiten und letzter Erkenntnisse, sondern auf der Annahme *verbindlicher*, d. h. erkenntnislogisch *strittiger* Interpretation. Ihr Objektivitätsanspruch beruht auf der Zurückweisung der Vorstellung einer ins Reich des Subjektiven verbannten, *unverbindlichen* Interpretation.

Forschungspsychologischer Kommentar:

Es ist nicht von der Hand zu weisen, dass diesem Anspruch gerade für Studierende ein abschreckendes Moment innewohnt. Offensichtlich geht mit dem Geltungsanspruch eine subjektiv empfundene Belastung einher. Und offensichtlich wird diese Belastung subjektiv als geringer empfunden, wenn die forschungsmethodische Position auf eine Unterscheidung zwischen ‚richtig' und ‚falsch' verzichtet. Um an die im vierten Kapitel zitierte Aufforderung von Karl Mannheim zu erinnern: Die Aufgabe, „in der benachbarten Fleet Street ‚Gesellschaft' zu beobachten und hernach im Seminar über ihre Beobachtungen zu berichten" (Goffman 1959: VII) ist auch deshalb so freundlich und erleichternd, weil man dabei ja nichts falsch machen kann. Aber das in dieser Aufforderung implizit enthaltene und fast schon therapeutische Versprechen, dass alle Beobachtungsberichte gleichermaßen anzuerkennen seien, lässt sich wissenschaftlich nicht aufrechterhalten. Es würde zu einer völlig unverbindlichen Auseinandersetzung mit den Beobachtungstatsachen führen und weder zu einem objektiven noch zu einem subjektiven Erkenntnisgewinn beitragen.

Umgekehrt setzen wir uns natürlich der Kritik aus, wenn wir Interpretationen an Geltungs- und Angemessenheitskriterien binden. Die damit aufgerufene Möglichkeit der Kritik bringt tatsächlich Frustrationen mit sich. Aber angesichts des damit erst ermöglichten Erkenntnisgewinns ist die Inkaufnahme dieser Frustrationen, die mit dem „eigentümlich zwanglosen Zwang des besseren Arguments" (Habermas 1981: 49) einhergehen, lohnend.

2. Die sequenzielle Feinanalyse: Eine Beispielinterpretation in 3 Schritten

Beispiel-interpretation: Familie *Rabe*

Bevor wir mit der Interpretation der ausgewählten Sequenz beginnen, wollen wir zum besseren Verständnis und zur Einbettung der folgenden Interpretation die Familie *Rabe* kurz vorstellen. Es handelt sich um eine dreiköpfige Familie (*Sina*, die Tochter, ist Einzelkind). Die Familie wohnt in einer Dreizimmerwohnung am Rande einer Großstadt. Die berufliche Orientierung der Eltern, beide arbeiten in Angestelltenpositionen, lässt sich als respektable Situierung charakterisieren. Beide sind an einem beruflich und ökonomisch gesicherten Leben interessiert. Weitergehende Ambitionen werden, auch in Bezug auf die Tochter, nicht artikuliert.

Das ist für die Frage des Schüleraustauschs nicht unerheblich. Denn (auch) diesbezüglich erscheint die Familie ‚unambitioniert'. In keinster Weise wird von den Eltern an *Sina* die Erwartung, an einem Schüleraustausch teilzunehmen, herangetragen. Der Schüleraustausch, so die einhellige Erzählung im Familieninterview, stellte gar kein Thema dar. Erst durch einen Infoabend an der Schule von *Sina* wird das Thema virulent. *Sina* teilt den Eltern mit, dass der Infoabend stattfindet und so nehmen sie daran teil. Insofern scheint das Bild eines nicht unter einem Ambitionierungsdruck stehenden, gleichwohl der Ambition aufgeschlossenen familialen Milieus die Haltung der Familie zum Schüleraustausch recht gut wiederzugeben.

Beispiel für ein quasi-natürliches Interaktions-protokoll (vgl. Kapitel IV)

Die Sequenz, die ich für die folgende Beispielinterpretation ausgewählt habe, ist deshalb besonders interessant und aufschlussreich, weil es hier zu einer recht pointierten Thematisierung der Erwartungen an den Schüleraustausch kommt, an dem sich alle drei Familienmitglieder, aufeinander Bezug nehmend, beteiligen. Insofern kann dieses Interaktionsprotokoll als ein quasi-natürliches Protokoll familialer Interaktion gelten.[53]

Mutter: *ja und dass de dir vielleicht erhoffst dass de dann so ganz ((atmet tief ein)) (2) tough (.) das is ja so*

Tochter: *ja also auf jeden fall (.) tougher als vorher.*

Vater: *nee ich glaube auch das schulsystem*
└*das hat=se doch vorher*┘ *schonmal gesagt;*

Mutter: └*äh ja tougher als vorher;*┘

Schritt 1: *dass de dir vielleicht erhoffst*

Werfen wir zunächst einen Blick auf den ersten Sprechakt der Mutter: *ja und dass de dir vielleicht erhoffst dass de dann so ganz ((atmet tief ein)) (2) tough (.) das is ja so.*

Ich glaube, dieser Sprechakt erschließt sich einer spontanen Interpretation ohne Weiteres. Offensichtlich wünscht die Mutter der Tochter, dass der Schüleraustausch sie *tough* macht. Eine nur umschreibende Interpretation, wie wir sie zum Beispiel als all-

53 Die Regeln, nach denen die Transkription durchgeführt wurde, finden sich im Anhang. Zur Transkription vgl. auch Kapitel IV. Der Name der Tochter (Sina) stellt ein Pseudonym dar.

tagsweltliche InteraktionsteilnehmerInnen vornehmen, würde darin schon die wesentliche Information erblicken. Aber diese Interpretation hätte sich mindestens nicht damit beschäftigt, was es eigentlich heißt, *tough* zu werden und sie hätte völlig übersehen, dass die Mutter ihre ‚Hoffnung' nicht dadurch zum Ausdruck bringt, dass sie diese Hoffnung als die ihre bezeichnet (*ich erhoffe mir, dass Sina so ganz tough zurückkommt*), sondern dass sie diese Hoffnung als die Hoffnung der Tochter formuliert: *dass de dir vielleicht erhoffst*.

Spontaner Verstehenszugriff ist im Sinne einer ersten Näherung wichtig und notwendig.
Aber:
→ er stellt nicht das Ende, sondern den Anfang des Interpretationsprozesses dar

Typischer Fehler:
In dem spontanen Verstehen das Ergebnis der Analyse zu sehen

Die spontane, inhaltlich umschreibende Interpretation stellt eine erste Näherung dar, aber keinesfalls eine befriedigende Analyse des tatsächlich vorliegenden Sprechakts. Diese Näherung ist legitim und notwendig, aber sie stellt nicht das Ende, sondern den Anfang des Interpretationsprozesses dar. Es wäre ein Fehler, hier aufzuhören, statt hier anzufangen.

Dass es über die spontan umschreibende Interpretation hinaus noch viel mehr zu sagen und zu verstehen gibt, scheint mir kaum fraglich zu sein. Dass sich die Mutter direkt an die Tochter wendet, ist ja offensichtlich. Die Schwierigkeit besteht *nicht* darin, diesen Sachverhalt zu sehen. Die Schwierigkeit besteht vielmehr darin, die Bedeutung dieses Sachverhalts zu explizieren. Denn diese Bedeutung erschließt sich dem spontanen Verstehen nicht in jener Geschmeidigkeit, die der umschreibenden Interpretation eigen ist. Das fortscheitende Verstehen besteht in einer Rekonstruktion, die eine Explikationsanstrengung erfordert. Das Stehenbleiben bei einem unmittelbar intuitiven und umschreibenden Verstehen stellt also auch und vor allem eine Vermeidung der Explikationsanstrengung, eine Vermeidung der Explikationsarbeit dar. Umgekehrt zeichnet sich die objektiv-hermeneutische Feinanalyse dadurch aus, dass sie diese Explikationsarbeit auf sich nimmt.

Objektiv-hermeneutische Feinanalyse = Explikationsarbeit

→ Bereitschaft zur explikativen Anstrengung

Interpretationsaufgabe 1:

Versuchen Sie, die Bedeutungsdimensionen der Formulierung der Mutter:

> *... ja und dass de dir vielleicht erhoffst ...*

herauszuarbeiten. Orientieren Sie sich dabei an der in Kapitel II erläuterten Technik der *kontextfreien* bzw. *realkontextunabhängigen* Interpretation und verwenden Sie die Technik des kontrastierenden Gedankenexperiments:

- In welchen Kontexten wäre diese Äußerung wohlgeformt?
- In welchen Kontexten wäre sie unangemessen?
- Welche Textersetzungen würden zu welchen Bedeutungsverschiebungen führen?

Hier einige Hilfestellungen:

Wir bezeichnen die Sprecherin als A, die Adressierte als B und die weiteren TeilnehmerInnen der Situation als C.

- Wäre es vorstellbar, dass A ein Mitglied einer Auswahlkommission ist und B eine Bewerberin?
- Wäre es vorstellbar, dass A eine Therapeutin und B eine Patientin ist?
- Wäre es vorstellbar, dass A und B Partnerinnen oder Partner, Freudinnen oder Freunde sind?
- Macht es einen Unterschied, ob es sich um eine Kommunikation unter vier Augen handelt oder ob andere anwesend sind?
- Was würde sich ändern, wenn B nicht anwesend wäre und A zu C sagen würde: *ja und dass sie sich vielleicht erhofft*?
- Welche Bedeutungsverschiebung ergeben sich, wenn man das *vielleicht* streicht?

Schritt 2: *ja also auf jeden fall (.) tougher als vorher*

Die Tochter antwortet der Mutter: *ja also auf jeden fall (.) tougher als vorher.* Dass sie überhaupt auf die Aussage der Mutter Bezug nimmt, ist nicht selbstverständlich. Denkbar wäre, dass sie das Gesagte unkommentiert lässt. Denkbar wäre aber auch, dass die Tochter die stellvertretende Deutung der Mutter zurückweist: *Was soll denn das heißen? Ganz tough?*

Diese Überlegungen zeigen, dass es sehr hilfreich sein kann, an einer Sequenzposition die möglichen Anschlüsse und Fortsetzungen der Interaktion auszubuchstabieren. Das gilt besonders für den Fall eines Sprecherwechsels.[54] Die Frage, „why that now" ebenso wie die Frage, „what ‚that' is" (Schegloff/Sacks 1973, S. 76), ist besonders dann interessant, wenn die Fallstruktur, wie hier, eine *Beziehungsstruktur* (nämlich die Mutter-Tochter-Beziehung) betrifft. Denn die möglichen Fortsetzungen verweisen dann schon in die Richtung einer durch die Feinanalyse zu spezifizierenden Fallstrukturhypothese. In dem vorliegenden Fall führt die einfache Überlegung, dass die Tochter schweigen oder protestieren könnte, zu einer aussagekräftigen Fallkontrastierung. Denn dass die Tochter diese beiden Anschlussmöglichkeiten *nicht* wählt und stattdessen die Aussage der Mutter (in einer noch genauer zu bestimmenden Weise) annimmt und gleichsam ratifiziert, trägt schon erheblich zum Verständnis der fallspezifischen Ausformung der Mutter-Tochter-Beziehung bei.

Praxistipp:

Insbesondere im Kontext der Analyse von Gesprächen ist die gedankenexperimentelle Ausbuchstabierung möglicher Fortführungen und Anschlüsse häufig sehr hilfreich. Die Formulierung von Anschlussalternativen (*warum nicht anders?*) erleichtert das Fallverständnis. Denn das Verständnis dafür, was der Fall *nicht* ist (was er *nicht* gesagt oder getan hat), leistet einen wichtigen Beitrag zum Verständnis der Fallspezifität.

54 Der Sprecherwechsel (turn taking) stellt ein zentrales Thema der Konversationsanalyse dar. Der berühmte Aufsatz von Schegloff und Sacks, Opening Up Closings, ist 1973 in der Zeitschrift Semiotica erschienen. Wegen der besseren Erreichbarkeit zitiere ich hier eine im Internet verfügbare Version: https://web.stanford.edu/~eckert/PDF/schegloffOpeningUpClosings.pdf

Interpretationsaufgabe 2

Aber kommen wir nach diesen Vorüberlegungen zu dem eigentlichen Sprechakt, also zu dem ‚that' und gleichsam zur Frage, „what ‚that' is".

> *... ja also auf jeden fall (.) tougher als vorher.*

Zur Hilfestellung:

- Welche inhaltliche Korrektur erfolgt durch das *tougher als vorher* (gegenüber dem *ganz tough*)?
- Beschäftigen Sie sich gedankenexperimentell eingehend mit Rednerrollen. Wer könnte in welchen Kontexten wen in der vorliegenden Art und Weise korrigieren?
- Versuchen Sie abschließend, die Äußerung der Tochter als Ausdruck der Mutter-Tochter-Beziehung zu interpretieren.

***Schritt 3:** nee, ich glaub auch das schulsystem*

Nun meldet sich der Vater zu Wort:

> *nee ich glaube auch das schulsystem das hat=se doch vorher schonmal gesagt*

Zum inhaltlichen Verständnis dieser Äußerung ist es notwendig zu wissen, dass *Sina* vorher – auf ihre Motive und Erwartungen hin befragt – sagte, sie freue sich, ein anderes Schulsystem kennen zu lernen. Wenn man bedenkt, mit wie vielen neuen Eindrücken und Erlebnissen, Anstrengungen und Sorgen ein langer Auslandsaufenthalt für Schülerinnen und Schüler verbunden ist, stellt der Hinweis auf die Neugier auf ein anderes Schulsystem doch ein recht *lapidares* und *nüchternes* Motiv dar. Um ein anderes Schulsystem kennen zu lernen braucht man weder so weit (Kanada) noch so lange (6 Monate) zu reisen. Das von *Sina* angegebene Motiv stellt insofern eine lakonische Selbststilisierung dar. Weit davon entfernt, den Schüleraustausch als außergewöhnliche subjektive Herausforderung, als subjektives ‚deep play'[55] zu thematisieren, gibt *Sina* ein Motiv an, das genau diesen

55 Ein Begriff von Clifford Geertz aus der in Kapitel IV erwähnten Untersuchung zum balinesischen Hahnenkampf (Geertz 1997).

Herausforderungscharakter des Auslandsaufenthalts unterläuft bzw. herabspielt.

Wir sehen nun, dass die Hoffnung der Mutter, der Schüleraustausch möge *Sina ganz tough* machen, eine *motivische Intensivierung* des Themas darstellt. Es geht nicht mehr nur um das Kennenlernen eines anderen Schulsystems; es geht um die *ganze Person*. Genau dieser Intensivierung widerspricht nun der Vater, indem er das Gespräch auf das Thema des Schulsystems zurückführen will. Diese Interpretation lässt sich durch einen flüchtigen Blick auf den Sprechakt des Vaters gewinnen. Sie würde aber auch gelten, wenn der Vater sagen würde: *Das wichtigste scheint mir für Sina zu sein, ein neues Schulsystem kennen zu lernen (u. ä.)*. Aber was können wir darüber hinaus sagen? Was macht die besondere Form des Ausdrucks aus, die der Vater wählt?

Interpretationsaufgabe 3

> *nee ich glaube auch das schulsystem das hat=se doch vorher schonmal*

Versuchen Sie sich auf Grundlage des bisher Gesagten an einer Feinanalyse des Sprechakts des Vaters.

Zur Hilfestellung:

- Ich glaube, es ist sinnvoll, die Äußerung in einzelne Sequenzen zu zerlegen, diese jeweils zu interpretieren und die Interpretation dann zusammenzuführen.
- Ich selbst würde den Sprechakt in drei Sequenzstränge unterteilen und diese in der folgenden Reihenfolge zunächst für sich genommen analysieren:

    1: *ich glaube auch das schulsystem*
    2: *nee*
    3: *das hat=se doch vorher schonmal*

3. Interpretationsvorschläge zu den Interpretationsaufgaben

Schritt 1: *dass de dir vielleicht erhoffst*

In welchen Kontexten wäre die Äußerung der Mutter eine wohlgeformte, angemessene Äußerung? Diese Frage ist nicht leicht zu beantworten. Die Sperrigkeit der Formulierung besteht nämlich darin, dass einem Gegenüber ein *Erhoffen* nahegelegt wird. Das ist merkwürdig und ungewöhnlich. Als erste interpretative Annäherung können wir ein *kontrastierendes* Gedankenexperiment anstellen:

Im Rahmen eines Bewerbungsgesprächs sagt ein Mitglied der Auswahlkommission zu der Bewerberin: Und dass Sie sich vielleicht erhoffen, dass die Stelle Ihnen weitere Karriereoptionen eröffnet.

Warum wäre eine solche Adressierung im Kontext eines Bewerbungsgesprächs irritierend? Es handelt sich offensichtlich um einen die Bewerberin unterstützenden Sprechakt. Allerdings müsste dieser Sprechakt eigentlich von der Bewerberin *selbst* vorgenommen werden. Umgekehrt würde sich ein Mitglied der Auswahlkommission mit diesem Sprechakt zum *treuhänderischen Beistand* der Kandidatin machen und damit die Rolle eines Kommissionsmitglieds verlassen.

Diesen *Beistand* können wir nun von einer ‚treuhänderische *Fürsprache*' unterscheiden. Ganz unproblematisch könnte das Kommissionsmitglied in einer internen Beratung, in der das Stelleninteresse der Bewerberin diskutiert wird, sagen: *Sie erhofft sich (vielleicht) einen Karriereschritt.* Ebenso könnte ein Rechtanwalt sagen: *Mein Mandant hat sich einen Einkommensvorteil erhofft.*

Es wird also deutlich, dass es in diesem Sprechakt um eine Parteinahme geht, dass diese Parteinahme aber in einer pragmatisch eigentümlichen Form erfolgt. Denn in gewisser Weise nimmt diese Parteinahme eine Schwächung der Interaktionsposition der so Adressierten in Kauf. Der Sprechakt unterstreicht geradezu, dass das Gesagte eigentlich aus dem Mund der Adressierten kommen müsste und macht insofern, trotz allem Wohlwollen, auf ein Defizit auf Seiten der Adressierten aufmerksam. Sie hätte ja selbst sagen können: *ich erhoffe mir…*

Gleichzeitig wird aber auch deutlich, dass die direkte Anrede – *dass de dir vielleicht erhoffst* – ein Deutungs- bzw. Selbstdeutungsangebot darstellt. Ganz unproblematisch erschiene eine solche Adressierung in einem vertraulichen Vier-Augen-Gespräch. In diesem Kontext müsste die Aussage als Frage gelesen werden. Dieser Fragemodus wird ja auch tatsächlich durch das *vielleicht* unterstrichen. Das *vielleicht* fungiert gleichsam als Fragezeichen hinter dem Deutungsangebot: *du erhoffst dir* bzw. *erhoffst du dir?* In einem solchen Gespräch könnte die so Adressierte das Deutungsangebot abwägen; daran anschließen oder es verwerfen. Es wäre damit aber keine Beschädigung der Integrität des eigenen Auftretens – wie im Falle des Bewerbungsgesprächs – verbunden.

Das letzte Gedankenexperiment macht uns darauf aufmerksam, dass die tendenzielle ‚Übergriffigkeit' und Autonomiebeschädigung, die der Sprechakt mit sich bringt, ausschließlich in Situationen gegeben ist, in denen andere beteiligt sind, die damit gleichsam zu *Zeugen* der fürsorglichen Zuwendung werden. Erst dadurch wird die Adressatin der Äußerung zu einer Fürsprache bedürftigen Person.

Wenn wir die bisherigen Gedankenexperimente und Überlegungen auf den tatsächlichen Kontext übertragen, können wir sagen, dass die Mutter sich ihrer Tochter in einer Art und Weise zuwendet, die eigentlich in einem Vier-Augen-Gespräch zu erwarten wäre. Sie spricht zu ihrer Tochter, als wären keine ForscherInnen anwesend und als würde kein Aufnahmegerät die Interaktion protokollieren. In gewisser Weise könnte man sagen, dass die mütterliche Empathie sich nicht durch die Forschungssituation irritieren lässt. Die Mutter vergisst die Anwesenheit Dritter und spricht so, als sei sie mit ihrer Tochter alleine.

Forschungsnotiz:

Wir haben oben (Kapitel IV) darauf hingewiesen, dass wir auch in quasi-natürlichen Erhebungskontexten nicht davon ausgehen dürfen, dass die Interaktionen, die wir aufnehmen, identisch sind mit jenen Interaktionen, die in unserer Abwesenheit und unbeobachtet erfolgen. Wir gehen vielmehr davon aus, dass sich unter den Bedingungen der Beobachtung die *Struktur der Beziehung* Ausdruck

!

verschafft. Die erhobenen Interaktionen verhalten sich zu den unbeobachteten nicht inhaltlich identisch; sie verhalten sich vielmehr *strukturhomolog*.

Bezüglich des Interaktionsgeschehens muss die Erhebungssituation dabei keineswegs mit einer kommunikativen Reduktion einhergehen. Wir dürfen sogar vermuten, dass bestimmte Erhebungskontexte eine artikulations- und kommunikationsförderliche Wirkung haben. Das biografisch-narrative Interview stellt hierfür ein prominentes Beispiel dar. Die Aufforderung zur autobiografischen Erzählung scheint von vielen Interviewees als *außerordentliche Gelegenheit* der Selbstartikulation und Selbstreflexion wahrgenommen zu werden, die außerhalb dieses Settings *nicht* gegeben ist. Ähnliche Erfahrungen machen wir mit den Familieninterviews im Kontext des Schüleraustauschs. Die InterviewteilnehmerInnen nehmen die Situation als Gelegenheit wahr, über den bevorstehenden Schritt zu sprechen und sich darüber zu verständigen. Die Interviewsituation schafft dann ein kommunikationsanregendes Klima, das der familiale Alltag nicht zur Verfügung stellt.

Ich erwähne diese forschungspraktische Gegebenheit um zu verdeutlichen, dass es Forschungskontexte und -zugriffe gibt, die eine ausgesprochen günstige Erhebungssituation vorfinden; eine Situation, in der es keiner ‚Animation' durch die ForscherInnen (vgl. Kapitel IV) bedarf.

In diesem Sinne ist es gut vorstellbar, dass die konkrete empathische Geste der Mutter durch die ‚artifizielle' Erhebungssituation begünstigt wird. Wenn dies der Fall wäre, dann hätte die Erhebungssituation den Sprechakt der Mutter gleichsam hervorgebracht. Sie hätte aber nicht die sich darin Ausdruck verschaffende *Empathie* der Mutter hervorgebracht!

Schritt 2: *ja also auf jeden fall (.) tougher als vorher.*

Inhaltlich bezieht sich diese Äußerung unmittelbar auf den vorangegangenen Sprechakt, in dem die etwaige Hoffnung, im Ausland *ganz tough* zu werden, artikuliert wurde. Dieses *ganz tough* haben wir noch nicht interpretiert. Wir können darin unschwer eine etwas übertriebene, überschwängliche Positivitätsaussage erblicken, wie sie typischerweise gegenüber Kindern geäußert wird: *dass dir der Urlaub ganz toll Spaß macht; usw.* Zugleich verweist das *tough* im Kontext der hier vorliegenden kindlichen

Adressierung auf den Erwerb einer die kindliche Naivität und Verletzlichkeit überwindenden Lebenstüchtigkeit. Wenn wir diese Interpretation der obigen hinzufügen, können wir sagen, dass die mütterliche Empathie auch darauf beruht, ihre sechzehnjährige Tochter als Kind zu adressieren. Die Empathie nimmt also gleichsam ein regressives Moment in Kauf.

Wenn wir den Gesprächskontext eines Familieninterviews in Rechnung stellen, dabei aber von der tatsächlichen Sprecherinnenrollen absehen und uns die Frage stellen, welche der anwesenden Personen *ja also auf jeden fall (.) tougher als vorher* gesagt haben könnte, dann liegt es nahe, dass dieser Sprechakt von der Mutter selbst oder vom Vater stammt. Im ersten Fall hätte die Mutter sich selbst korrigiert. Sie hätte die etwas überschwänglich artikulierte Hoffnung in eine nüchtern realistische Sprache gekleidet. Im zweiten Fall läge eine Korrektur durch den Vater vor. Diese hätte die Tönung: *Nun übertreib mal nicht. Wir sind froh, wenn Sina tougher als vorher zurückkommt und das wird auch ganz sicher so sein.* In diesem Fall läge eine Abschwächung und Relativierung der mütterlichen Expressivität vor und damit eine für Paarbeziehungen typische Arbeitsteilung expressiver und instrumenteller Orientierungen.[56] Man sieht an diesem Gedankenexperiment, dass die Differenz, die einer solchen Korrektur zu Grunde liegt, nicht im Zeichen einer partnerschaftlichen Zwietracht, sondern einer partnerschaftlichen Eintracht stehen würde. Denn es läge nahe, dass die Mutter die Sichtweise des Vaters bestätigt (*du hast ja recht*) und es wäre überraschend, wenn sie sich diese Korrektur mürrisch verbitten würde (*hör doch auf, mich immer zu verbessern*). Denn in gewisser Weise würde diese Korrektur ja bedeuten: *Ich sehe es genauso wie du; ich würde es nur etwas vorsichtiger ausdrücken.*

Dieses Gedankenexperiment scheint mir deshalb wichtig zu sein, weil es zeigt, dass dem Sprechakt eine partnerschaftlich-kooperative und damit geradezu ‚erwachsene' Logik innewohnt. In gewisser Weise beantwortet die Tochter die stellvertretende Deutung der Mutter ihrerseits mit einer stellvertretenden Deutung: *Du hast ganz recht, Mama (ja also auf jeden fall); ich werde vielleicht nicht ganz tough zurückkommen, aber auf jeden fall tougher als vorher.* Damit schärft sich der durch das eingangs angestell-

56 Zu diesen Begriffen vgl. Kapitel V, Fußnote 5.

te kontrastive Gedankenexperiment gewonnene Befund. Schon dort konnten wir feststellen, dass eine typisch adoleszente ‚Genervtheit' ausbleibt: *oh Mama, was redest du denn da!* Die Feinanalyse zeigt nun, dass dieses Ausbleiben einer adoleszenten Rebellion und Frustration einhergeht mit einer ausgesprochen ‚erwachsenen', eigentlich ganz ‚unadoleszenten' Zuwendung zur Mutter.

Objektiv nimmt die Tochter damit eine bemerkenswerte Zurückweisung ihrer kindlichen Adressierung durch die Mutter vor. Diese Zurückweisung erfolgt aber nicht aggressiv, sondern ausgesprochen kooperativ, gelassen und geschmeidig. Die kindliche Adressierung stellt für die Tochter offensichtlich keine Autonomiekränkung oder Autonomiebedrohung dar. Fast verständnisvoll kann sie diese kindliche Adressierung anerkennen und dabei gleichzeitig die kindliche Rolle transzendieren.

Schritt 3: *nee ich glaube auch das schulsystem das hat=se doch vorher schonmal*

Offensichtlich haben wir es mit einer recht verzwickten Äußerung zu tun. Wir haben oben in einer Art Grobanalyse schon gesagt, dass der Vater damit das Thema Schüleraustausch etwas ‚abkühlen' will, in dem er von dem die ganze Person betreffenden Bildungsprozess (*tough* werden) ablenkt. Das aber kommt ihm nicht so umstandslos und glatt über die Lippen. Schauen wir uns also die Verwerfungen näher an:

1. *ich glaube auch das schulsystem*

Dieser Satz markiert das Zentrum der Aussageintention des Vaters. Auffällig ist, dass der Satz abbricht (wir setzten das Wissen voraus, dass er nicht fortgeführt wird). Wir müssen uns schon sehr artifizielle Kontexte ausdenken, um in der Äußerung eine vollständige Aussage zu sehen:

A: *Ich glaube, die wichtigsten gesellschaftlichen Systeme sind das Wirtschaftssystem und das politische System.*

B: *Ich glaube, auch das Schulsystem*

In diesem Kontext wäre die Aussageintention unmittelbar verständlich: das Schulsystem gehört zu den wichtigsten gesellschaftlichen Systemen. Gleichwohl wäre die Ausdruckweise auch hier sehr verkürzt. Erwartbarer wäre z. B.: *Ich glaube, man sollte auch die Bedeutung des Schulsystems nicht unterschätzen.*

Es liegt also eine gewisse Explikationshemmung oder Explikationsrestringiertheit vor. Diese könnte einer persönlichen Disposition geschuldet sein (das Familieninterview gibt zu dieser These allerdings keinen Anlass); sie könnte aber auch dem Thema geschuldet sein.

Wichtig scheint mir der Partikel *auch*. Denn damit wird, das ist schon in dem obigen Gedankenexperiment deutlich geworden, ein Bezug zu dem vorher Gesagten hergestellt: *Nicht nur X, sondern auch das Schulsystem*. Würde beispielsweise vorher davon die Rede gewesen sein, dass *Sina* große Erwartungen an das öffentliche Leben in Kanada knüpft, wäre die Äußerung: *ich glaube auch das schulsystem* zwar unvollständig, aber sinnlogisch anschlussfähig.

In gewisser Weise versucht der Vater also eine Anschlussfähigkeit im Sinne einer Ergänzung des vorher Gesagten herzustellen. Dieses Motiv kann als *latentes Motiv* angesehen werden. Denn dem Vater wird die aussagelogische Bedeutung des *auch* kaum vor Augen stehen. Dem steht eine offensichtliche Intention entgegen. Er will das Gespräch über die bildungsbiografischen Folgen des Auslandsaufenthalts seiner Tochter unterbrechen und in andere Bahnen (*Schulsystem*) lenken. In gewisser Weise entspringt die Intervention des Vaters also einer ‚Zwischenlage'. Weder kann er gelassen, von den Verhandlungen zwischen Mutter und Tochter unbeeindruckt, die Sache auf sich beruhen lassen. Er kann nicht schweigen. Noch kann er dezidiert widersprechen. Dass er das nicht kann, ist thematisch durchaus nachvollziehbar. Man kann kaum sagen: *Ich finde es viel wichtiger, ein anderes Schulsystem kennen zu lernen, als einen Prozess der Stärkung der Persönlichkeit durchzumachen.*

Warum dann aber die Widerrede?

2. *nee*

Diese macht sich vor allem durch das *nee* bemerkbar. Steht das *auch* im Zeichen des Anschlusses, markiert das *nee* einen Einwand, der durch das folgende *auch* wieder zurückgenommen wird. Wir haben es also mit einer Tendenz zu einer Widerrede zu tun, die nicht aufrechterhalten werden kann; also mit einem

Motiv, das man ‚haben' kann, das man aber nicht begründen und legitim vertreten kann. Worin könnte dieses Motiv liegen?

Wenn wir als interpretativ gesichert unterstellen, dass der Vater mit dem *nee* auf das Thema der Persönlichkeitsentwicklung der Tochter, also auf ihr Erwachsenwerden, Bezug nimmt, dann stellt dieses *nee* einen Einspruch genau gegenüber diesem Thema bzw. Motiv dar. Dann aber ist dasjenige Thema, von dem er nichts hören und das er abwenden will, das Thema des Erwachsenwerdens seiner Tochter und damit ein (uneingestandenes) väterliches Festhalten an der Kindheit seiner Tochter. Genau dieses Motiv ist es auch, das nicht begründungs- und legitimationsfähig ist.

3. *das hat=se doch vorher schonmal*

Seinen Hinweis auf das (Interesse am) Schulsystem begründet er damit, dass *Sina* das *vorher schon mal* gesagt habe. Es empfiehlt sich, diesen Ausdruck mit der geläufigen Normalform des Einwurfs zu vergleichen: *Das hat sie doch gerade gesagt.* Diese Form des Einwurfs zielt darauf, eine Thematisierung deshalb als unnötig und unsinnig zu bezeichnen, weil sie redundant sei. Hätte die Mutter zum Beispiel gesagt: *Ich weiß gar nicht, was Sina an einem Schüleraustausch in Kanada interessiert,* wäre die Antwort: *ein anderes Schulsystem, das hat sie doch gerade gesagt* plausibel und folgerichtig. Man kann diesem Gedankenexperiment ein Moment der ‚Genervtheit' – eine Genervtheit, die sich bei *Sina* nicht zeigt – ablesen: *Was redest Du denn da!?* Darüber hinaus unterläuft dieser Einwurf aber schlicht und ergreifend die Tatsache, dass die Mutter ja ein ganz anderes Thema angesprochen hatte. Dadurch wird dieses *andere* Thema aber sinnstrukturell negiert, oder vielleicht besser: eliminiert: *Was fragst Du Sina zu ihrer Persönlichkeitsentwicklung; sie hat doch gerade gesagt, dass es ihr darum nicht geht; dass es ihr um das Schulsystem geht.*

Diese Interpretation ist aber auch deshalb noch ungenau, weil sie das *vorher* unberücksichtigt lässt. Worin besteht die Bedeutungsverschiebung, die sich durch das *vorher* gegenüber einem *gerade* oder *vorhin* vollzieht? Ich glaube, wenn man diese Frage erst einmal aufgeworfen hat, beantwortet sie sich wie von selbst. Anders als das *gerade* oder das *vorhin* setzt das *vorher* ein *nachher* voraus. *Bevor Du mit diesem Toughheitsthema angefangen hast, hat sie doch schon gesagt, dass es ihr um das Schulsystem geht.* In gewisser Weise trägt dieses *vorher* also dem Umstand Rechnung, dass die Thematisierung der Mutter *doch* nicht redundant ist und sich *doch* nicht eliminieren lässt: *Bevor Du mit dem Thema, von dem ich nichts wissen will, angefangen hast, war alles gut.* Und entsprechend könnte die Mutter sagen: *Ja, das stimmt, vorher hat Sina über das Schulsystem gesprochen, aber jetzt sprechen wir über etwas anderes, nämlich über ihre Persönlichkeitsentwicklung (toughness).*

Auf einen letzten Aspekt sei in diesem Interpretationsversuch hingewiesen. Der Sprechakt adressiert nicht *Sina*, sondern die Mutter (*hat=se*). Der Vater sagt nicht: *Ich glaube auch, dass dich vor allem das Schulsystem interessiert.* Anders als der Sprechakt der Mutter steht die Äußerung des Vaters also *nicht* im Zeichen eines stellvertretenden Deutungsangebots an die Tochter. Er steht vielmehr im Zeichen der Kritik des Deutungsangebots der Mutter und damit auch im Zeichen der Kritik der Gleichklängigkeit und Einvernehmlichkeit der Mutter-Tochter-Beziehung; und damit im Zeichen einer gewissen *Eifersucht* hinsichtlich der sehr harmonisch wirkenden Mutter-Tochter-Beziehung

4. Versuch einer Fallstrukturhypothese (Resümee)

Es sollte deutlich geworden sein, dass die hier vorgetragenen Interpretationsvorschläge sich der Anstrengung eines gewissen Explikationsaufwands ausgesetzt haben. Es sollte auch deutlich geworden sein, dass und in welchem Sinne die Interpretation in Anspruch nimmt, ‚richtig' zu sein. Das heißt nicht, dass diese Interpretation richtig *ist*. Vielleicht sind den LeserInnen Fehler aufgefallen, die dem Autor nicht aufgefallen sind. Vielleicht sind die LeserInnen in den Interpretationsaufgaben zu Lesarten gekommen, die ein besseres, präziseres Verständnis der Interaktion ermöglichen. Wenn die vorangegangenen Interpretationsvorschläge also beanspruchen, tragfähig und empirisch triftig zu sein, heißt das, dass sie weder ‚vorbildlich' (dass man es nicht viel besser hätte machen können) noch dass sie frei von Interpretationsfehlern sind. Und es wäre im Sinne der Forschungshaltung der Objektiven Hermeneutik und ihres Anspruchs der intersubjektiven Überprüfbarkeit ihrer Interpretationen eine besonders wünschenswerte (allerdings hier keinesfalls ‚didaktisch' intendierte) ‚Begleiterscheinung' dieser Beispielinterpretation, wenn sie die Leserinnen und Leser zu einer Kritik der vorgetragenen Interpretation inspirieren würde.

Angenommen, die vorgetragenen Interpretationen lassen sich aufrechterhalten; worin besteht ihr Erkenntnisgewinn? Was kann als eigentliches Ergebnis der Interpretation festgehalten werden? Wir haben gesehen, dass beide Elternteile in je unterschiedlicher Weise in ihrer sechzehnjährigen Tochter noch das Kind sehen. Aber diese reminiszente Orientierung, die im Prozess der familialen Sozialisation alles andere als überraschend ist, artikuliert sich weder in einer die Perspektiven der Tochter hemmenden Haltung, noch führt sie zu partnerschaftlichen Verwerfungen. In je eigener Weise sind Vater und Mutter mit dem Erwachsenwerden ihrer Tochter konfrontiert und in je eigener Weise bearbeiten sie dieses Erwachsenwerden. Dabei ist, wie wir gesehen haben, Eifersucht im Spiel (Vater), aber keine unproduktive und unversöhnliche Gegnerschaft.

Bezüglich des Schüleraustauschs hat die Sequenzanalyse zum Verständnis des in der Fallskizze schon angesprochenen Umstands eines kaum ambitionierten, gleichwohl aber unterstützenden familialen Milieus beigetragen. Die fehlende Erwartungshaltung der Eltern erzeugt für die Tochter eine ambivalente Situation. Sie steht zwar nicht unter dem Einfluss elterlicher Aspiration; sie steht aber auch nicht unter dem dieser Aspiration korrespondierenden Erwartungsdruck. Umgekehrt werden ihre eigenen Schritte zur Selbstautonomisierung *trotz* der reminiszenten Motive der Eltern ungebrochen unterstützt und bekräftigt. Man könnte von einem Typus der *passiven Unterstützung* sprechen. Bezogen auf den Schüleraustausch liegen keine anregend-ambitionierten Motive und Impulse vor. Aber dieses Nichtvorliegen eines Anregungsmilieus führt *nicht* zu einer Unterdrückung der perspektivischen Orientierungen der Tochter. Es findet eine bemerkenswerte Unterstützung und Befürwortung der Proaktivität der Tochter statt.

VII. Über den Fall hinaus: Vom Fall zum Typus zur Theorie[57]

Bleiben wir noch kurz bei unserem Fall zum Schüleraustausch aus dem vorangegangenen Kapitel. Setzen wir wiederum voraus, dass die Beispielinterpretation einigermaßen triftig und angemessen ist und dass wir die Fallstruktur, hier im Sinne der familialen Beziehungsstrukturen, durch die Sequenzanalyse wenigstens ansatzweise einer forschungslogisch aufschlussreichen und weiterführenden Sinnrekonstruktion unterzogen haben. Dann stellt sich die Frage, welche Einsichten und Erkenntnisse über den Fall hinaus gewonnen werden können. Oder müssen wir diese Frage verneinen? Ist die Annahme nicht naheliegend, dass eine Fallrekonstruktion zu *keinen* über den Fall hinausgehenden Erkenntnissen gelangen kann?

Der erkenntnislogische Standpunkt der Objektiven Hermeneutik und der Fallrekonstruktion nimmt zu dieser Frage eine eindeutige Position ein: Eine Fallrekonstruktion weist *immer* über den konkreten Fall hinaus. Der konkrete Fall wird nie als Einzelfall, sondern immer als *token* eines *type* verstanden. Er stellt immer die *besondere* Antwort auf ein *allgemeines* Strukturproblem dar. Und deshalb involviert die Explikation der Fallstruktur immer auch die Explikation des Allgemeinen, bezüglich dessen das Besondere eine fallspezifische *und* typische Ausformung darstellt. Umgekehrt ist der Versuch der Rekonstruktion allgemeiner Strukturprinzipien auf den empirischen Zugriff auf das Besondere angewiesen. Das Allgemeine zeigt sich empirisch nur in seiner Besonderung.

Eine Fallstrukturrekonstruktion weist immer über den konkreten Fall hinaus!
Der Fall repräsentiert:
→ *token* eines type
→ *besondere* Antwort auf
→ *allgemeines* Strukturproblem

Der Fall in seiner Besonderheit stellt immer auch ein Protokoll des Allgemeinen dar; der allgemeinen Strukturproblematik, auf die der Fall eine spezifische Antwort findet. Ein empirischer Zugriff auf das Allgemeine ist nur auf dem Weg der Rekonstruktion des Besonderen möglich.

57 Ich nehme bei dieser Überschrift den Titel eines Sammelbands zur Objektiven Hermeneutik auf, der von Dorett Funcke und Thomas Loer herausgegeben wurde. Vgl. Funcke/Loer 2019.

Diese wechselseitige Verwiesenheit (Dialektik) von Allgemeinem und Besonderem stellt ein allgemeines Prinzip sozial- oder kulturwissenschaftlicher Forschung und Theoriebildung dar, dem die Methode der Objektiven Hermenutik ‚nur' folgt. Um ein Verständnis für dieses grundlegende Prinzip einer empirischen Theoriebildung zu erleichtern, möchte ich auf ein berühmtes Beispiel zurückgreifen.

1. Exkurs zu Max Webers Religionssoziologie und zum Begriff des ‚Idealtypus'

Webers religionssoziologische Studien, von denen die ‚Protestantische Ethik' (Weber 1904–05/1986) sicherlich die prominenteste ist (und deren Lektüre auch und gerade unter erkenntnislogischer Perspektive sehr zu empfehlen ist!), verfolgen unter anderem die Fragestellung, in welcher Weise religiöse Haltungen Einfluss nehmen auf wirtschaftliches Handeln („Die Wirtschaftsethik der Weltreligionen"). In seinen Studien zum Protestantismus zeigt er, dass besonders der Puritanismus und der Calvinismus eine religiös begründete wirtschaftliche Haltung hervorbringen, die ein auf Disziplin und „methodisch kontrollierter Lebensführung" beruhendes ökonomisches Gewinnstreben als ‚gottgefällig' ansieht und die den Erfolg als ‚Zeichen der Erwähltheit' und damit als Zeichen des ‚Heilsbesitzes' wertet. Dafür sind zwei Aspekte grundlegend:

(1) Der wirtschaftliche Erfolg ist ethisch und religiös nur dann ‚wertvoll', wenn er Ergebnis einer systematischen und kontinuierlichen Anstrengung ist; Ergebnis eines ‚rastlosen Strebens'. Spekulationsgewinne, Erbschaften oder vergleichbare einmalige oder zufällige Einnahmen sind ethisch nicht der Rede wert; sie sind *ethisch und religiös wertlos*.
(2) Das Erfolgsmotiv beruht *nicht* auf einem Konsummotiv. Das ‚Geldverdienen' dient nicht dem Ziel, Geld ausgeben zu können. Im Gegenteil: Das ethisch-religiöse Motiv des ökonomischen Erfolgs geht mit einer Verachtung des Konsums einher. Am Beispiel puritanischer und calvinistischer Motive rekonstruiert Weber in gewisser Weise den Typus des ‚Erfolg um des Erfolges willen'.

Ausgehend von diesen Beobachtungen und Rekonstruktionen nimmt Weber eine begriffliche Verallgemeinerung vor. Er bildet einen *Typus*. Die *Rekonstruktion* dieses Typus besteht darin, an der empirischen Konkretion (Puritanismus/Calvinismus) den Modus einer an der ökonomischen Daueranstrengung orientierten Lebensführung als religiös motiviert expliziert zu haben. Die *Konstruktion* besteht darin, ‚über diesen Fall hinaus' einen *Typus* der religiös motivierten Haltung zur Welt zu formulieren und er entscheidet sich dazu, diesem Typus die Bezeichnung *„Werkzeug Gottes"* [58]zu geben. Damit ist gemeint, dass der Mensch in seiner alltäglichen (Weber spricht von diesseitiger) Werktätigkeit, also auch und vor allem in der Sphäre des Wirtschafts- und Berufslebens, seine Religiosität unter Beweis stellt.

Rekonstruktion und Typus

Ich glaube, es bedarf keiner besonderen religionshistorischen oder religionssoziologischen Kenntnisse, um davon ausgehend gedanklich einen *Gegentypus* zu entwerfen. Er bestünde in einer religiösen Ethik, die der Welt des wirtschaftlichen Handelns entweder desinteressiert oder sogar ablehnend gegenübersteht und in der die herausgehobene Religiosität sich gerade in der Abgewandtheit von wirtschaftlichem Handeln und weltlichem Erfolg unter Beweis stellt. Diesen Typus umschreibt Weber mit dem Begriff *„Gefäß Gottes"*.[59] Die Heilssuche erfolgt dann zum Beispiel im Gebet, in der Meditation oder in einer mönchischen Lebensführung.

Worauf es mir in diesem, im thematischen Horizont dieses Buches etwas exotischen Exkurs ankommt, ist *der gedankliche Prozess der Typenbildung*. Er nimmt an der empirischen Beobachtung (Puritanismus und Calvinismus) seinen Ausgang. Von dort aus eröffnen sich zwei Wege: der Weg der *logischen Steigerung* und der Weg der *logischen Kontrastierung bzw. Gegensatzbildung*.

58 Vgl. Weber 1920/1986: 538f.
59 Ebd.

Logische Steigerung – Idealtypen

(1) Die Operation der *logischen Steigerung* beruht darauf, ein empirisch angetroffenes Motiv – wie zum Beispiel das Motiv der Werktätigkeit – gedanklich derart konsequent fortzuschreiben, dass sich daraus ein logisch widerspruchfreier Begriff ableiten lässt. Weber bezeichnet die so gewonnen Begriffe als *Idealtypen*.[60] Die Widerspruchfreiheit der begrifflichen Konstruktion macht den Typus zu einem *Ideal*typus oder zu einem *reinen Typus*. Dieser Typus, der aus der empirischen Beobachtung und ihrer gedanklich-logischen Steigerung gewonnen wurde, dient dann wiederum der *Analyse* der empirischen Phänomene. Diese können nämlich nun daraufhin befragt werden, ob und in welchem Maße sie eine *Annäherung* an den Idealtypus darstellen. Für das Beispiel der religiösen Motive für wirtschaftliches Handeln hieße das, zu fragen (und genau so ist Weber vorgegangen), welche Religionen in welcher Art und Weise ein am wirtschaftlichen Erfolg orientiertes Handeln begünstigen. Und natürlich könnten wir uns fragen, welche Religionen bzw. religiösen Motive eine solche Handlungsorientierung *nicht* begünstigen.

Logische Kontrastierung bzw. Gegensatzbildung

(2) Damit sind wir bei der Operation der *logischen Kontrastierung* bzw. *Gegensatzbildung* angelangt. Wenn man einen Typus im Sinne einer gedanklich widerspruchfreien Konstruktion gebildet hat, kann man, noch vor jeder Befragung der empirischen Realität, den *Gegentypus* bilden. Bezüglich der Frage der religiösen Begünstigung der Orientierung am wirtschaftlichen Erfolg hieße das, dass wir uns eine religiöse Haltung vorstellen, die dem ökonomischen Handeln nicht nur indifferent und desinteressiert gegenübersteht, sondern die dieses Handeln als ethisch verwerflich ansieht und es ablehnt. Genau diese Operation steht hinter der Weberschen Formulierung „Gefäß (statt Werkzeug) Gottes". Und natürlich kann auf der Grundlage dieses gegensinnig konstruierten Idealtypus dann dieselbe Befragung der empirischen Realität

60 Zu diesem Begriff: Weber 1904/1982: 189ff.

erfolgen, wie sie mithilfe des ursprünglich formulierten Idealtypus vorgenommen werden kann: Welche Religionen bzw. religiösen Motive folgen einer ethisch begründeten Tendenz der „Weltablehnung“ und wie stark oder schwach sind diese Tendenzen jeweils ausgebildet?

Worauf es mir bei diesem Exkurs ankommt ist, ein annäherungsweises Verständnis für folgende Aspekte einer fallrekonstruktiven Forschungslogik zu wecken:

!

1. Die Fallrekonstruktion, so sehr ihr Forschungszugriff auf dem konkreten Fall beruht, weist gedanklich immer schon über diesen Fall hinaus. Sie ist angewiesen auf die Operationen der (ideal)typischen gedanklichen Steigerung und der (ideal) typischen Kontrastierung. Ohne diese beiden Operationen stellte der Fall eine erkenntnislogisch bedeutungslose Einzelerscheinung dar.
2. Eine fallrekonstruktive Forschung impliziert den Prozess der *Theorie- und Begriffsbildung*. Eine Fallrekonstruktion, die theoriesprachlich enthaltsam ist, die also weder an den Fall eine theoretisch motivierte Fragestellung richtet, noch dem Fall eine theoretisch motivierte ‚Generalisierung‘ abgewinnen kann, verfehlt ihre forschungs- und erkenntnislogischen Möglichkeiten.
3. Das fallrekonstruktive Forschungsverständnis geht davon aus, dass Theorie und Empirie aufeinander angewiesen sind und in einem nicht stillstellbaren Austauschprozess stehen. Die am empirischen Material gewonnene Strukturrekonstruktion führt zu einer theoriesprachlichen Begriffsbildung, die ihrerseits wiederum zur Perspektivierung und Fokussierung des empirischen Zugriffs beiträgt.

Ich betone den Theoriebezug der objektiv-hermeneutischen Fallrekonstruktion hier wohlwissend, dass der damit einhergehende Theorieanspruch gerade von Studierenden, die *nicht* über eine umfangreiche Theoriekenntnis verfügen, als abschreckend und als nicht leistbar empfunden wird. Ich habe das Beispiel aus Max Webers Religionssoziologie auch deshalb gewählt, weil es sich dabei um ein ausgesprochen anspruchsvolles Themenfeld handelt, von dem nur wenige Experten beanspruchen können, es einigermaßen vollständig zu überblicken. Aber man kann auch als religionshistorischer Laie den Typus *Werkzeug Gottes* verstehen und man kann auch als Laie den Gegentypus entwerfen. Man kommt vielleicht nicht auf den Begriff *Gefäß Gottes*. Aber die der Logik einer kontrastierenden Typenbildung folgende Idee, dass sich die Frömmigkeit statt in einem aktiven Wirtschaftsleben, im Gebet, in der Meditation, in der Besinnung usw. zeigen kann, ist *nicht* voraussetzungsvoll.

Theoriebildung ≠ Theoriekenntnis

Theoriebildung im hier verstandenen Sinne soll also nicht mit *Theoriekenntnis* oder *Theoriewissen* gleichgesetzt werden. Es wäre fatal, deshalb auf die Theoriebildung zu verzichten, weil man nur über rudimentäre Theoriekenntnisse verfügt. Wer eine solche Position vertritt – und mir ist bewusst, dass diese Position universitär nicht selten anzutreffen ist – sieht in dem Studium nichts anderes als einen kontinuierlichen Prozess der Aneignung von Fachwissen. Der Forschungsbezug des Studiums bestünde dann in der bloßen *Rezeption* von Forschungsleistungen, nicht in der aktiven Beteiligung an der Forschung. Wer letzteres will, und dafür stellt dieses Buch ein Plädoyer dar, darf den Studierenden nicht unter Berufung auf mangelnde Theoriekenntnisse Prozesse der Theoriebildung vorenthalten. Diese Theoriebildung muss auch unter ‚dilettantischen' und laienhaften Voraussetzungen eingefordert, ermöglicht und gewürdigt werden. Und die Studierenden sollten den Mut besitzen, sich an solchen Theoriebildungen zu versuchen. Der u. U. nicht ganz überzeugende Versuch – aber welcher Versuch der Theoriebildung kann schon von sich in Anspruch nehmen, überzeugend zu sein – ist allemal wissenschaftlich und erkenntnislogisch wertvoller als die Vermeidung des Versuchs. Insofern verhält es sich mit der Theoriebildung genauso wie mit der interpretativen Lesartenbildung. Aussagekraft gewinnen wir in der fallrekonstruktiven Forschung nicht durch vorsichtige, defensive Strategien, sondern durch riskante Strategien.

Praxistipp:

Trauen Sie sich zu mutigen Theoriebildungsversuchen. Bleiben Sie nicht bei einer rein fallverhafteten Sequenzanalyse stehen. Denken Sie über den Fall hinaus. Üben Sie sich in den Operationen der *gedanklichen Steigerung* und der *gedanklichen Oppositionsbildung*.

2. Vorschläge zur Typen- und Theoriebildung

Kommen wir auf unseren Fall aus dem vorangegangenen Kapitel zurück. Ein zentraler Aspekt der Fallrekonstruktion bestand darin, dass bezüglich des Schüleraustauschs die elterliche Haltung zwar nicht inspirierend oder gar fordernd ist, dennoch aber unterstützend. Wenn wir uns an der kurzen Skizze zur Idealtypenbildung orientieren; worin könnte die Operation einer logischen Steigerung bestehen? Und worin die Operation einer logischen Oppositionsbildung?

Vorschlag 1: Eine erziehungstheoretische Perspektive der Fallstrukturgeneralisierung

Beginnen wir mit der ersten Frage. Bezüglich welches gedanklich zu konstruierenden Typus könnte unser Fall als ‚token' eines ‚type' aufgefasst werden? Allgemein gesprochen kann der Fall einem Muster zugeordnet werden, in dem die elterliche Unterstützung sich nicht auf die vom Kind realisierten elterlichen Ambitionen beschränkt, sondern das Kind auch dann Unterstützung findet, wenn seine Entscheidungen außerhalb des Rahmens elterlicher Forderungen und Erwartungen liegen. Die gedankliche Steigerung dieser elterlichen Haltung könnte in dem Typus der *Unbedingtheit der elterlichen Unterstützung* gesucht werden. Das wäre ein Typus, der sich dadurch auszeichnet, dass er nicht nur dazu bereit ist, jene Handlungsorientierungen und Handlungsziele, die dem elterlichen normativen Horizont entsprechen, zu unterstützen, sondern – und hier zeigt sich die theoriebildende Kraft der idealtypischen Begriffsbildung – auch jene Orientierungen, die *außerhalb* des normativen Horizonts der Eltern liegen.

Typus der *Unbedingtheit der elterlichen Unterstützung*

Wir hätten damit den Begriff einer elterlichen Solidarität formuliert, wie er als typisch für moderne und pluralistische Gesellschaften erscheint: „Wir unterstützen Dich in dem, was *Du* willst, nicht in dem, was *wir* wollen." Und wir hätten damit zugleich eine Verankerung für eine Oppositionsbildung gewonnen (denken Sie an Werkzeug und Gefäß Gottes!): Der Gegentypus würde nämlich lauten: „Wenn Du das tust, was unseren Erwartungen entspricht, und nur dann (!), unterstützen wir Dich." Das würde einer traditionalen, gleichsam als antiquiert und überkommen angesehenen Erziehungshaltung entsprechen.

Das macht uns auf zwei Probleme aufmerksam:

(Ideal-)Typen als Instrument der empirischen Analyse

- Das Problem der mit der gedanklichen Steigerung verbundenen Widerspruchsfreiheit haben wir oben schon kennengelernt. Beide Typen werden in der empirischen Realität nicht in reiner Form zu finden sein. Noch der traditionellste Erziehungsstil wird ein ‚Restverständnis' für den Eigensinn der Kinder bzw. für den Eigensinn ihrer Subjektbildung aufbringen; und noch der liberalste Erziehungsstil wird je nach der Intensität und Richtung ‚abweichender' Handlungsorientierungen der Kinder an seine Unterstützungsgrenzen stoßen. Aber als *Instrument der Analyse* könnte eine solche Typenbildung hilfreich sein; natürlich auch und vor allem hinsichtlich empirisch anzutreffender ‚Ungereimtheiten', auf die die idealtypische Begriffsbildung ja erst aufmerksam macht.

Stimmt die Erziehungspraxis mit den explizit formulierten Erziehungsbekenntnissen überein?

- Das andere Problem, das durch diese Überlegungen aufgeworfen wird, ist nicht unmittelbar sichtbar, drängt sich aus den bisherigen Überlegungen aber geradezu auf. Dass die Erziehungsmaxime einer ‚bedingungslosen' Unterstützung dem zeitgenössisch legitimen Erziehungsverständnis entspricht, scheint mir auf der Hand zu liegen. Die gegenteilige Maxime: „Du tust was ich sage und ich unterstütze Dich nur, wenn Du das tust, was ich sage" scheint jedenfalls nicht mehr legitim, nicht mehr artikulierbar zu sein. Auf der Ebene des *Bekenntnisses* zu Erziehungsprinzipien scheint das traditionale Modell jedenfalls weitgehend überholt und kaum noch ‚gesellschaftsfähig'. Aber wie sieht es mit der *Realität* des Erziehungsprozesses und der erzieherischen Haltungen aus? Gestaltet sich diese Realität so eindeutig wie die Bekenntnisse? Könnte es nicht sein, dass die Erziehungs*vorstellungen* viel ‚liberaler' sind als die Erziehungs*praxis* selbst? Wenn das so wäre, hieße das, dass die Eltern sich liberaler sehen möchten, als sie es wirklich sind. Warum? Was heißt bzw. hieße das? [61]

61 Zum dem Themenfeld der familialen Erziehung sind unlängst einige interessante fallrekonstruktive Beiträge erschienen. Exemplarisch: Wolf 2019 (auf dem Spielplatz), Kollmer 2020 (Versagungen), Maiwald 2020 (Nicht-erziehen-wollen), Wenzl 2020 (Handy als Erziehungstopos).

Diese Überlegungen ‚über den Fall hinaus' machen darauf aufmerksam, dass der Forschungsertrag einer Fallrekonstruktion und ihrer ‚Generalisierung' nicht nur darin besteht, Antworten auf Fragen zu finden, sondern auch und vor allem darin besteht, *Fragen aufzuwerfen*. Scheuen Sie sich nicht, aus ihren fallrekonstruktiven Ergebnissen und Einsichten Erkenntnis- und Verstehensfragen abzuleiten. Folgen Sie nicht der alltagsweltlichen Intuition, die die Erkenntnisleistung vornehmlich in der Gewinnung von Antworten und Gewissheiten sieht. Wenn es Ihnen gelingt, ausgehend von einer sequenzanalytischen Fallrekonstruktion ein *Erkenntnisproblem* aufzuwerfen, haben Sie eine ausgesprochen respektable Forschungsleistung erbracht!

- Wenn wir nach diesen Überlegungen auf den im letzten Kapitel analysierten Fall zurückblicken, können wir sagen, dass dieses gedanklich konstruierte Problem dort nicht zu sehen war. Die unterstützende Haltung der Eltern gegenüber ihrer Tochter haben wir nicht als explizit formuliertes Erziehungsbekenntnis angetroffen, sondern als *Struktur der Eltern-Kind-Kommunikation*. Das Unterstützungsmotiv ist uns nicht als explizit artikuliertes Motiv, sondern als kommunikationsstrukturierendes Prinzip begegnet. Im Sinne eines fallkontrastiven „theoretischen Samplings"[62] böte es sich also an, einen Fall auszuwählen, der bezüglich der Erziehungsvorstellungen ganz anders gelagert ist; einen Fall, der ein explizites Selbstverständnis einer ‚liberalen' und unterstützenden Erziehungsorientierung aufweist. Die Frage wäre dann, ob und in welcher Weise sich diese explizite Orientierung kommunikativ realisiert.

Vorschlag 2: Eine adoleszenztheoretische Perspektive der Fallstrukturgeneralisierung

Ein vielleicht leichterer, geschmeidigerer und im Kontext des Themas Schüleraustauschs wohl auch naheliegenderer Weg der Typen- und Theoriebildung ergibt sich aus einer adoleszenztheo-

62 Vgl. dazu die Ausführungen zur Fallauswahl in Kapitel V.

retischen Perspektive; aus einer Perspektive also, die nicht das elterliche Erziehungsverhalten in den Blick nimmt, sondern das Verhalten der Jugendlichen. In völliger Übereinstimmung zum alltagsweltlichen Denken liegen in der Erziehungswissenschaft, Soziologie und Psychologie Theoriekonzepte vor, die Kindheit und Jugend als fortschreitenden Prozess der (Selbst-)Autonomisierung rekonstruieren.[63] Die Phase der Adoleszenz bzw. Jugend steht dabei unter der besonderen Spannung eines beträchtlichen Zuwachses an Autonomie, der zugleich aber einerseits durch Autonomieüberforderungen begleitet wird (die Selbstverantwortlichkeit wird subjektiv als Überforderung wahrgenommen), andererseits durch als unangemessen empfundene Autonomieeinschränkungen (die Handlungsfreiräume werden als nicht hinreichend, als restriktiv wahrgenommen). So wird die Phase der Jugend in besonderer Weise als potentiell *krisenhafte Lebensphase* angesehen.

Jugend als krisenhafte Lebensphase

Lektüreempfehlung

Ein klassischer und einflussreicher Text zum Problem der Adoleszenzkrise stammt von Erik H. Erikson: Wachstum und Krisen der gesunden Persönlichkeit (1966). Ich möchte aus diesem Text eine kurze Passage zitieren, weil diese Passage in geradezu literarischer Weise ein Verständnis der potentiellen Krisenhaftigkeit der Adoleszenz vermittelt. Dabei setzt Erikson bei der bei Jugendlichen häufig zu beobachtenden Intoleranz an (man könnte auch sagen, bei der Tendenz zu ‚abweichendem Verhalten') und kommt zu einem Plädoyer, diese Intoleranz nicht etwa sie unterdrückend zu bekämpfen (Verbote) oder sie verächtlich zu kommentieren (Redensarten: z. B. „Hast Du ein Problem mit den Ohren oder liegt das Problem dazwischen?"), sondern sie ernst zu nehmen und sich mit ihr verständnisvoll auseinanderzusetzen:

63 Dazu klassisch: Jean Piaget: Das moralische Urteil beim Kinde (Piaget 1932/1978).

„Aber es wird immer wichtiger, auch der Intoleranz unserer eigenen Jugendlichen mit Verständnis und Anleitung statt mit Redensarten und Verboten zu begegnen. Es ist schwer, tolerant zu sein, wenn man im tiefsten Innern noch nicht ganz sicher ist, ob man ein richtiger Mann (eine richtige Frau) ist, ob man jemals einen Zusammenhang in sich finden und liebenswert erscheinen wird, ob man imstande sein wird, seine Triebe zu beherrschen, ob man einmal wirklich weiß, wer man ist, ob man weiß, was man werden will, weiß, wie einen die anderen sehen, und ob man jemals verstehen wird, die richtigen Entscheidungen zu treffen, ohne sich ein für allemal mit dem falschen Mädchen, Geschlechtspartner, Führer oder Beruf anzulegen" (Erikson 1966, S. 111f.).

Vor dem Hintergrund unserer in Kapitel VI ausgewählten Sequenzstelle bietet es sich an, die Frage der ‚Intoleranz' bzw. des ‚abweichenden Verhaltens' einzugrenzen auf die Frage der *familialen Interaktion*. Wir können also den Impuls von Erikson aufnehmen, ohne uns um die Frage des allgemeinen gesellschaftlichen Umgangs mit Jugend zu kümmern und uns auf die Frage beschränken: *In welcher Weise artikuliert sich dieses Problem als Problem der familialen Interaktion?* Wenn wir den von Erikson entliehenen Begriff der Intoleranz heranziehen, könnten wir die allgemeine Frage aufwerfen: *Welche wechselseitigen, adoleszenzbedingten Intoleranzen zeigen sich in der familialen Interaktion?* Auf die Jugendlichen spezifiziert: *In welcher Art und Weise konfrontieren diese ihre Eltern mit adoleszenzbedingten Intoleranzen. In welcher Weise belasten sie die familiale Interaktion mit ihrer jugendlichen Intoleranz?*

Versuchen Sie bei aller Produktivität einer riskanten Theoriebildung eine Engführung, Eingrenzung und Präzisierung der Fragestellung. *Keine* Fragestellung ist *zu klein*!

Im Sinne einer der Lesartenbildung innewohnenden impliziten Alltagstheorie hatten wir diese Frage in unserer Fallrekonstruktion schon aufgeworfen. Ich zitiere aus dem letzten Kapitel:

„In gewisser Weise beantwortet die Tochter die stellvertretende Deutung der Mutter ihrerseits mit einer stellvertretenden Deutung: *Du hast ganz recht, Mama (ja also auf jeden fall); ich werde vielleicht nicht ganz tough zurück kommen, aber auf jeden fall tougher als vorher.* Damit schärft sich der durch das eingangs angestellte kontrastive Gedankenexperiment gewonnene Befund. Schon dort konnten wir feststellen, dass eine typisch adoleszente ‚Genervtheit' ausbleibt: *oh Mama, was redest du denn da!"*

Die alltagssprachliche Bezeichnung ‚Genervtheit' können wir unter Bezugnahme auf Erikson durch den Begriff der *adoleszenten Intoleranz* ersetzen. Entsprechend können wir die Fallrekonstruktion theoriesprachlich dahingehend modifizieren, dass wir von einem *Ausbleiben adoleszenter Intoleranz* sprechen können; und zwar in einer Kommunikationssituation, in der ein jugendliches Aufbegehren, hier von *Sina* gegenüber ihrer Mutter, durchaus nicht überraschend wäre.

Mir müssen und sollten daraus nicht den Schluss ziehen, dass es für *Sina* keine Adoleszenzkrise gibt. Aber wir können empirisch sehr gut begründet behaupten, dass die Jugendlichkeit von *Sina* nicht dazu führt, dass sie den Deutungsvorschlägen ihrer Mutter gleichsam trotzig-adoleszent widersprechen muss. Sie kann diese aufnehmen und kommunikativ kooperativ relativieren.

Kontrastierendes Gedankenexperiment: → Typenbildung

Nun sollte auch sichtbar werden, dass das in der Fallrekonstruktion in Anspruch genommene kontrastierende Gedankenexperiment im Ansatz schon eine Typenbildung impliziert. Man muss sie nur aussprechen bzw. explizieren. Offensichtlich liegt der kontrastierenden Lesartenbildung (*oh Mama, was redest du denn da*) eine typologische Oppositionsbildung zu Grunde, nämlich der Typus einer die elterlichen Deutungsvorschläge ablehnenden und abweisenden Bearbeitung des jugendlichen Autonomieproblems. Wir könnten von dieser Überlegung aus einen typologischen Bogen von einer die familiale Kommunikation betreffenden maximalen Entspanntheit und kommunikativen Kooperativität bis hin zu einer ‚extremen' Angespanntheit und ‚extremen' kommunikativen Verwerfung spannen. Auf der Grundlage einer solchen *typologischen Dichotomisierung* böte es sich an, die empirische Fallauswahl in der Logik des ‚theoretischen Samplings' derart zu organisieren, dass Extremfälle und mittlere Lagen aufgesucht werden, um an diesen Fallrekonstruktionen wiederum eine typlogisch-theoriesprachliche Präzisierung vorzunehmen.

Die beiden hier angeführten Beispiele haben dazu gedient, die oben formulierten Thesen zum Zusammenhang von Fall, Typenbildung und Theoriebildung zu konkretisiert und zu plausibilisieren. Während diese Thesen den (erkenntnis-)logischen Zusammenhang zwischen Fall, Typus und Theoriebildung thematisiert haben, verweisen die beiden hier vorgetragenen Beispiele auf einen *forschungspraktischen* Aspekt, nämlich den Aspekt der *Explikation*; also darauf, dass diejenigen gedanklichen Operationen, die der sinnrekonstruktiven Erschließung des Falls schon immer zu Grunde liegen, sie aber nur im Hintergrund begleiten, einer sprachlichen Ausführung bedürfen, um sie in den Vordergrund zu rücken und so zu einer Typen- und Theoriebildung zu gelangen. Dieser Theoriebildungsprozess ist ein Prozess der Explikation, in dem es darum geht, diejenigen sinnstrukturellen Implikationen, die die Lesartenbildung in Anspruch nimmt, freizulegen. Das vollzieht sich in einem Prozess der allmählichen sprachlichen Erschließung (vgl. dazu Kapitel VIII).

Typen- und Theoriebildung als Prozess der sprachlichen Ausführung

3. Zum Begriff der Fallstrukturgeneralisierung

Der Weg der Verallgemeinerung fallrekonstruktiver Befunde, der hier dargestellt wurde, wird in der Objektiven Hermeneutik mit dem etwas ‚furchteinflößenden' Begriff der *Fallstrukturgeneralisierung* gefasst. Warum dieser Begriff? Warum sprechen wir nicht einfach von Generalisierung?

Der Begriff der Generalisierung verweist auf das der quantitativen Forschungslogik zu Grunde liegende Konzept der *statistischen* Generalisierung. Dabei handelt es sich um die gedankliche Operation, die die an einer ‚Stichprobe' gewonnenen Befunde auf die ‚Grundgesamtheit' überträgt. Der empirisch in den Blick genommene Ausschnitt soll hinsichtlich der dort festgestellten Zusammenhänge *repräsentativ* sein, wobei die empirisch festgestellten Zusammenhänge in aller Regel als Wahrscheinlichkeits- und Häufigkeitsaussagen erfolgen. Würde man zum Beispiel an einer Schule, in einem Schulbezirk (oder in einer anders gewählten Stichprobe von Schulen) einen bestimmten Zusammenhang zwischen sozialer Herkunft und Bildungserfolg feststellen, stellt sich die Frage, ob dieser Zusammenhang stichprobenübergreifend behauptet werden kann. Lassen sich die hier gewonnenen Wahrscheinlichkeits- und Häufigkeitsaussagen (zum Beispiel

Statistische Generalisierung: Wahrscheinlichkeits- und Häufigkeitsaussagen über den positiven Zusammenhang zwischen Bildungsabschluss oder Einkommen der Eltern und Bildungserfolg der Kinder) übertragen? Die Generalisierung besteht in der Bejahung dieser Frage. Der Forschungsausschnitt (Stichprobe) erweist sich dann als repräsentativ, wenn die diesen Ausschnitt betreffenden empirischen Aussagen für jeden anderen (für die Forschungsfrage relevanten) Ausschnitt gleichermaßen gelten.

Die Frage der *Generalisierung* im Sinne der *Repräsentativität* ist ganz ähnlich gelagert wie das fallrekonstruktive Generalisierungsproblem. Hier wie dort stellt sich die Frage der Verallgemeinerung von empirisch ausschnitthaft gewonnenen Aussagen. So wie die Repräsentativität eine Generalisierung ,über die Stichprobe hinaus' vornimmt, nimmt die Fallstrukturgeneralisierung eine Theoriebildung ,über den Fall hinaus' vor. Hier wie da geht es um die Verallgemeinerung der im konkreten Forschungsprozess gewonnen Erkenntnis.

Fallstruktur-generalisierung = theoriebildende Verallgemeinerung

Um die Unterschiede der jeweiligen Verallgemeinerungsstrategie deutlich und verständlich zu machen, ist es notwendig, auf den jeweiligen *Theoriebegriff*, der dem Erkenntnisinteresse zu Grunde liegt, einzugehen; also auf die *Art und Weise* der „denkenden Ordnung der empirischen Wirklichkeit" (Weber 1904/1982: 151). In welcher Art und Weise streben wir eine gedankliche oder logische Systematisierung der empirischen Gegebenheiten an? Und in welcher Art und Weise wirkt die empirische Beobachtung auf diese gedankliche Ordnung ein?

Für das Verständnis der auf der Idee der Repräsentativität beruhenden Generalisierung ist es hilfreich, sich den gesetzeswissenschaftlichen Charakter dieser Forschungslogik (vgl. Kapitel I) in Erinnerung zu rufen. Stark vereinfacht gesagt beruht hier das Theorieverständnis auf der Annahme kausaler Zusammenhänge. Die Theoriebildung erfolgt als Formulierung von *Hypothesen*, die dann im Forschungsprozess einer empirischen Überprüfung unterzogen werden. Der Prozess der empirischen Überprüfung ist in dieser Forschungslogik der Frage der empirischen Tragfähigkeit und der empirischen Reichweite der Hypothese gewidmet. Die Generalisierung, die dabei erfolgt, ist aber selbst *kein Prozess der* Theorie*bildung* – denn die Hypothese als solche stellt ja schon eine generalisierte Theorie dar – sondern ein Prozess der Theorie*überprüfung*. Er beantwortet die Frage der *Übertragbarkeit* der an einem empirischen Forschungsausschnitt bestätigten Hypothese auf andere Realitätsausschnitte.

> Die fallrekonstruktive Forschungslogik stellt demgegenüber keinen Prozess der Hypothesenüberprüfung dar. Ihr Theorieverständnis beruht nicht auf der Formulierung von gesetzesförmig gedachten Zusammenhängen und ihr methodischer Zugriff führt nicht zu Wahrscheinlichkeits- und Häufigkeitsaussagen. Der *Fall* stellt keine Stichprobe dar. Aber lassen sich dann von dem Fall ausgehend überhaupt generalisierende Aussagen gewinnen?

!

Wir haben oben in der Darstellung der Weberschen Idealtypenbildung gesehen, in welcher Weise der Fall (die in einer konkreten Religionsgemeinschaft beobachtbare Haltung zum wirtschaftlichen Handeln) das *Allgemeine* repräsentiert. Er wird hier nicht als Exemplar eines gesetzesförmigen Zusammenhangs gesehen, sondern als *besonderer Ausdruck eines allgemeinen Strukturproblems*. Die vom Fall ausgehende Generalisierung besteht also darin, dieses allgemeine Strukturproblem zu formulieren und auf dem Wege der Typenbildung gedanklich entworfene Varianten der Bearbeitung dieses Strukturproblems zu formulieren, die dann ihrerseits Anhaltspunkte für empirische Zugriffe und theoriesprachliche Differenzierungen bieten.

> Fall als besonderer Ausdruck eines allgemeinen Strukturproblems
> → Typenbildung und Formulierung von Theorien

Im Sinne der Fallstrukturgeneralisierung ermöglicht die Fallrekonstruktion also eine über den Fall hinausweisende Typenbildung und die Formulierung einer dieser Typenbildung zu Grunde liegenden Theorie ihrer strukturellen Voraussetzungen und Implikationen. Die Generalisierung beruht also nicht auf Aussagen über Regelmäßigkeiten und Häufigkeiten, sondern auf einem Prozess der Theoriebildung, die sich am konkreten Fall entzündet und deren Ziel in einer „typisierenden Verdichtung" (vgl. Maiwald 2020: 329) besteht.

Abschließend möchte ich darauf hinweisen, dass diese erkenntnistheoretischen Überlegungen zu einer typenbildenden Generalisierung in Abgrenzung zu einer hypothesenüberprüfenden, an Wahrscheinlichkeits- und Häufigkeitsaussagen orientierten Generalisierung, so kompliziert und voraussetzungsvoll sie klingen mögen, dem Alltagsdenken nicht fremd sind. Selbstverständlich kennt die vorwissenschaftliche Alltagstheorie das Modell der Kausalität und das Denken in Wahrscheinlichkeiten und Häufigkeiten. Aber sie kennt auch das Modell der Typenbildung. Wenn Jugendliche in der Schule plötzlich viel schlechtere Leistungen erbringen, wird im Alltag nicht von Adoleszenzkrise die Rede sein. Aber es fallen dann in der alltagsweltlichen Thematisierung des Problems Äußerungen wie: „das ist meistens so" oder „typisch". Insofern ist der Erkenntnisstandpunkt der (fallgeneralisierenden) Typenbildung in der alltagsweltlichen Deutung genauso präsent wie das nach Wahrscheinlichkeiten und Häufigkeiten des Vorkommens fragende Erkenntnisinteresse. Auffällig ist aber, dass Studierende, die auf der Suche nach Fragestellungen für ihre Forschungsarbeiten sind (vgl. dazu Kapitel III), sich eher an der gesetzeswissenschaftlichen als an der typenbildenden Forschungslogik orientieren. „Mich interessiert, ob Jungen im Unterricht mehr stören als Mädchen"; „Mich interessiert, ob ältere Lehrpersonen strenger sind als jüngere"; „Mich interessiert, ob offener Unterricht zu besseren Lernergebnissen führt als Frontalunterricht" usw. Die Prädisposition zu solchen (fallrekonstruktiv nicht zu bearbeitenden) Fragestellungen scheint mir weniger darauf zurückzuführen zu sein, dass die Fragen in Richtung einer fallgeneralisierenden Typenbildung außerhalb der Intuition eines vorwissenschaftlichen Fragehorizonts liegen, sondern dass ein solcher Erkenntniszugriff den alltagsweltlichen Vorstellungen von ‚Wissenschaftlichkeit' nicht genügt. Fallstrukturgeneralisierung und Typenbildung sind dem alltagsweltlichen Denken und dem vorwissenschaftlichen Verständnis keineswegs fremd. Die eigentliche alltagsweltliche Hürde gegenüber dieser Fragerichtung besteht nicht darin, dass das Alltagsdenken keine Typenbildung kennt und vornimmt, sondern dass diese Erkenntnisform nicht dem *alltäglichen Bild von Wissenschaft und Wissenschaftlichkeit* entspricht. In dem Alltagsverständnis von Wissenschaft haben tatsachen- und gesetzeswissenschaftliche Aussagen ihren festen Platz und natürlich auch und besonders der *zahlenförmige Ausdruck* von Wahrscheinlichkeiten und Häufigkeiten. Eine fallrekonstruktiv zu bearbeitende Forschungsfrage liegt eher außerhalb des alltagsweltlichen Wissenschaftsverständnisses.

Die vorwissenschaftliche Intuition weist eher in die Richtung der Formulierung einer Forschungsfrage, die sich durch Aussagen über Häufigkeiten und Wahrscheinlichkeiten beantworten lässt, als in Richtung einer fallrekonstruktiven Fragestellung.

VIII. Gemeinsam interpretieren[64] und einsam schreiben

Das gemeinsame Interpretieren stellt das Herz des kommunikativen Austauschs der Objektiven Hermeneutik dar. Interpretations- und Fallwerkstätten und selbst organisierte Interpretationsgruppen stellen einen wichtigen Ort der Hervorbringung und diskursiven Überprüfung von Lesarten dar.

Gleichwohl stellt die schriftlich vorgenommene Fallrekonstruktion nicht einfach eine ‚Darstellung der Ergebnisse' der Interpretationssitzungen dar. Die schriftliche Arbeit erfordert einen eigenständigen Prozess der Explikation und der Gestaltung der Analyse.

1. Gemeinsam interpretieren

Das gemeinsame Interpretieren stellt eine charakteristische Arbeits- und Kommunikationsform vieler qualitativer Forschungsmethoden dar. Methodenworkshops, Interpretations- und Fallwerkstätten sind zum Erkennungs- und Markenzeichen der qualitativen Forschung geworden. Sie sind gleichsam das Labor der interpretativen Forschung, die man sich ohne diesen kontinuierlichen Interpretationsaustausch gar nicht oder nur schwer vorstellen kann. Mehr noch: Wahrscheinlich beruht die beeindruckende Methodenentwicklung, die sich hier in den letzten 50 Jahren vollzogen hat, nicht zuletzt auf diesem Austauschformat. Die Gruppeninterpretation bildet nicht nur die Grundlage überregionaler Methodentreffen und Summer Schools[65], sie hat

64 Unter dem Titel „Gemeinsam interpretieren" hat Jo Reichertz das Thema der Gruppeninterpretation umfassend behandelt. Vgl. Reichertz 2013.

65 Genannt seien hier das ‚*Berliner Methodentreffen*' (https://berliner-methodentreffen.de), der ‚*Magdeburger Methodenworkshop zur qualitativen Bildungs- und Sozialforschung*' (https://www.zsm.ovgu.de/Methodenworkshop.html), die ‚*Vienna Autumn School of Methods*' (VASOM, https://vasom.univie.ac.at), die Kölner ‚*Summer School Qualitative Forschung*' (https://www.hf.uni-koeln.de/36769) und die ‚DGfE Sum-

auch in die Organisation vieler Tagungen Einzug gehalten, wo neben Fachvorträgen mittlerweile häufig Interpretationsworkshops angeboten werden. Vor allem aber stellt die Interpretations- oder Fallwerkstatt ein alltägliches Austauschformat ‚vor Ort' dar. Wo immer interpretativ geforscht wird, ist der ‚Workshop' der zentrale Ort des forscherischen Austauschs.

Interpretations- und Fallwerkstätten als besonderer Ort für Studierende.

Auch in der Objektiven Hermeneutik stellen Interpretations- und Fallwerkstätten den Kern und das Herz der alltäglichen Forschungs- und Interpretationspraxis dar. Ich glaube, dass damit eine besondere Form des wissenschaftlichen Diskurses vorliegt, die gerade für Studierende außerordentliche Kommunikations-, Partizipations- und Erkenntniserfahrungen ermöglicht. Ich glaube aber auch, dass die Anforderung, eine Fallrekonstruktion in schriftlicher Form vorzunehmen, eine intellektuelle Herausforderung eigener Art darstellt, die sich nicht gleichsam von selbst durch die Gruppeninterpretation erledigt und die in relativer Unabhängigkeit gegenüber dem gemeinsamen Interpretieren bewältigt werden muss. Bevor ich auf diese Schwierigkeit eingehe, will ich zunächst die Besonderheiten einer objektiv-hermeneutischen Interpretationssitzung charakterisieren und eine Vorstellung von dieser kommunikativen Praxis vermitteln.

2. Lob des gemeinsamen Interpretierens

Seminarsitzung und Werkstattsitzung

Die Behauptung der Besonderheit der kommunikativen Situation des gemeinsamen Interpretierens beruft sich auf eine Vergleichsoperation: Welche Unterschiede lassen sich gegenüber anderen Formen des wissenschaftlichen Austauschs konstatieren? Ich möchte diese Vergleichsoperation auf die Praxis der universitären Lehre beschränken und mich als Vergleichsgröße im Wesentlichen auf das Universitätsseminar beziehen. Denn in vielerlei Hinsicht ähnelt die Werkstattsitzung der Seminarsitzung. Man kommt für einen definierten Zeitraum als zahlenförmig überschaubare, in seiner Größe nach unten und oben aber nicht exakt definierte Gruppe zusammen, um sich konzentriert über ein vorab festgelegtes Thema argumentativ auszutauschen. Und wie im Falle der Seminarsitzung sind die Rollen insofern asymmet-

---

mer School zu qualitativen und quantitativen Forschungsmethoden' (https://www.dgfe.de/tagungen-workshops/dgfe-summer-school).

risch verteilt, als es eine ‚Leitung' gibt. Nur unter besonderen Bedingungen – wie zum Beispiel im Falle einer selbstorganisierten Zusammenkunft von Studierenden – ist die Werkstattsitzung eine Zusammenkunft von Statusgleichen. In Werkstattformaten, die auch Studierenden offenstehen, ist durch die Teilnahme von DoktorandInnen und Postdocs in der Regel sogar ein komplizierteres, weniger überschaubares Statusgefüge im Spiel als im Falle der Seminarsitzung.

Der äußerlich auffälligste Unterschied zum Seminar besteht in dem Zeitformat. Während eine Seminarsitzung üblicherweise 1,5 Stunden dauert, nimmt eine Werkstattsitzung 3 bis 4 Stunden in Anspruch. Damit ist die Werkstattsitzung als eine gegenüber der normalen Seminarsitzung ‚gewichtigere' Praxis gerahmt. Diese zeitliche Ausdehnung geht mit einer Reduktion der Textgrundlage einher. Die Normalsituation des Seminars besteht darin, einen 15 bis 25 Seiten umfassenden wissenschaftlichen Text zu diskutieren. Die Werkstattsituation zeichnet sich dadurch aus, dass Sequenzen, die gemeinsam interpretiert werden, nur wenige Zeilen umfassen. Diese beiden Parameter (Zeitaufwand und Textumfang) verleihen der Werkstattsitzung gegenüber der Seminarsitzung ein höheres Maß an Konzentration und Intensität.

Experten-Laien-Differenz

Die Beschränkung auf ausgewählte, kurze Sequenzen ist also nicht nur *erkenntnislogisch* von Bedeutung; sie hat auch Einfluss auf die Praxis des unmittelbaren kommunikativen Austauschs im Rahmen der gemeinsamen Interpretation. Sie kommt einer substantiellen Beteiligung an diesem Austausch jenseits von Status- und Wissensdifferenzen[66] entgegen. Daraus ergibt sich für Studierende eine gegenüber der Normalsituation des Seminars potentiell ‚befreiende' Diskursposition. Diese Normalsituation ist nicht nur dadurch gekennzeichnet, dass der Text, der die Grundlage der Diskussion darstellt, im Vergleich zu einer sequenzanalytischen Datengrundlage sehr umfangreich ist. Sie ist auch dadurch gekennzeichnet, dass dieser Text kein Protokoll der sozialen Wirklichkeit darstellt, sondern in einem *Theoriebeitrag* besteht. Dieses ‚Gesprächsarrangement' stellt für ‚Laien', d. h. für diejenigen, die theoriesprachlich nicht eingeübt sind – und das

66 Reichertz weist völlig zurecht darauf hin, dass auch der diskursive Austausch im Rahmen des gemeinsamen Interpretierens durch Hierarchien gekennzeichnet ist. Vgl. Reichertz 2013: 29ff.

ist die Normalsituation der Studierenden – eine Überforderung dar. Sie können eigentlich nicht mitreden. Die Seminardiskussion auf der Basis theoretischer Literatur betont die für die Lehre konstitutive Experten-Laien-Differenz. Eine Diskussion ‚auf Augenhöhe' ist kaum möglich.

Auch in der Werkstattsituation spielen Theoriediskussionen eine große Rolle. Sie fließen in die der Textinterpretation vorgelagerte Fallbestimmung ein (vgl. Kapitel III). Und im Sinne der Typenbildung (vgl. Kapitel VII) wird die Textinterpretation kontinuierlich von Theoriediskussionen begleitet. Diese Diskussionen beruhen natürlich auf einem theoretischen ‚Vorwissen'. Insofern betonen sie die Experten-Laien-Differenz nicht weniger, als dies in der Seminarsituation der Fall ist.

Sequenzanalyse beruht auf alltagsweltlichem Regelwissen → ‚Mitsprache'

Anders aber verhält es sich im eigentlichen methodischen Zentrum der Werkstattdiskussion, der Sequenzanalyse. Die kommunikative Situation beruht hier nicht auf einem wissenschaftlich-theoretischen, sondern auf einem alltagsweltlichen Wissen, nicht auf expliziten Theorien; sondern auf der alltäglichen Regelkompetenz. Um zu explizieren, was es heißt, wenn sich die Mutter in einem Familieninterview der Tochter zuwendet und sagt: *ja und dass de dir vielleicht erhoffst dass de dann so ganz tough [aus dem Schüleraustausch] zurückkommst* (vgl. Kapitel VI), braucht es keine Kenntnisse der Familientheorie. Die Geltung der Interpretation – zum Beispiel was es heißt, dass sich die Mutter direkt an die Tochter wendet, statt über sie zu sprechen – beruht nicht auf einer familientheoretischen Expertise, sondern auf einem alltagsweltlichen Regelwissen. Um zu verstehen, dass es etwas anderes ist, über eine anwesende Person zu sprechen als *zu* ihr zu sprechen, muss man nicht viele Bücher gelesen haben.

Das heißt aber, dass die Lesartenbildung der kommunikativen Praxis der Werkstatt den TeilnehmerInnen eine ungewöhnliche, statusindifferente Beteiligungsmöglichkeit eröffnet. Stärker als in anderen universitären Diskurskontexten und auch stärker als im Seminar ist es in der Interpretationswerkstatt möglich, intellektuelle Status- und Autoritätsdynamiken außer Kraft zu setzen. Das liegt einfach daran, dass die Lektüre wissenschaftlicher Texte zu einem theoretischen Hintergrundwissen und zu einer theoretischen Urteilssicherheit führt, die die NovizInnen notwendig in eine ‚unterlegene' Diskussionssituation bringt, während die Interpretationserfahrung eine vergleichbare Sicherheit *nicht* mit sich bringt. Natürlich bilden sich im Laufe der Zeit gewisse Intuitionen und Aufmerksamkeiten dem zu interpretierenden Text gegenüber; aber auch für erfahrene InterpretInnen stellt eine Sequenz ein Rätsel dar, das es zu entschlüsseln gilt. Und auch unerfahrene InterpretInnen können zu erhellenden Lesarten kommen. Sie können Lesarten *entdecken*, die den Interpretationserfahrenen nicht schon qua Vorwissen zur Verfügung stehen.

Ich möchte diese *Entdeckungschance*[67] an einem Beispiel[68] erläutern:

Beispiel 14: *Hör doch auf zu kippeln*

In der 10. Klassenstufe sagt eine Lehrerin zu einem Schüler:

> *Hör doch auf zu kippeln. Ich will keine erste Hilfe leisten müssen.*

Während die Aufforderung, *hör doch auf zu kippeln*, dem üblichen Repertoire eines (wohl etwas ‚genervten') Sprechakts der Disziplinierung entstammt, ist die nachgereichte Begründung etwas irritierend. Sie erinnert an jene Klasse der Verhaltenseinwirkungen, die sich auf die Vermeidung negativer Folgen berufen, wobei hier die negative Folge in einer körperlichen Verletzung besteht. In dem vorliegenden Sprechakt ist dabei ein gewisser Zynismus am Werk. Denn im Zentrum der Disziplinierung steht nicht die Unversehrtheit des Adressaten, sondern das Interesse der Sprecherin. Vergleichbar mit dem vorliegenden Fall könnte im Skiurlaub ein Vater, den der riskante Fahrstil seines Sohnes stört, sagen: *Fahr doch mal ein bisschen vorsichtiger. Ich hab keine Lust, den Rest des Urlaubs an Deinem Krankenbett zu verbringen.* Zynisch ist diese Ermahnung deshalb, weil sie das Eigeninteresse an einem ungestörten Urlaub ins Feld führt und nicht die Sorge um das Wohlergehen des Sohnes.

Ähnlich spricht die Lehrerin. Ein wesentliches Element der Interpretation ihres Sprechakts besteht in der Formulierung *erste*

67 In der methodologischen Diskussion wird der Entdeckungszusammenhang häufig unter dem Begriff der Abduktion thematisiert. Vgl. Reichertz 2003; Wenzl 2021.

68 Vgl. zu diesem Beispiel auch: Wernet 2021: 309.

Hilfe. Was heißt es, keine *erste Hilfe* leisten zu wollen? Welche spezifische Fallstruktur realisiert sich in der auf diese eigentümliche Weise vorgenommenen schulischen Disziplinierung? Inwiefern unterscheidet sich dieser Sprechakt von demjenigen (gedankenexperimentell konstruierten) des Vaters?

Ich habe dieses Beispiel mehrfach in Lehrveranstaltungen zum Themenbereich unterrichtliche Interaktion verwendet. Nicht häufig, aber auch nicht selten assoziieren Studierende *erste Hilfe* mit *Mund-zu-Mund-Beatmung*. Diese Assoziation liefert deshalb einen interpretatorischen Schlüssel, weil der Schüler tatsächlich antwortet:

Also gegen eine Mund-zu-Mund-Beatmung hätte ich nichts.

Die Assoziation der Studierenden beruht offensichtlich auf der Intuition, dass *erste Hilfe,* neben allem anderen, auch etwas mit der Verschiebung von Intimitätsgrenzen zu tun hat und dass diese Verschiebung in dem Sprechakt der Lehrerin *latent* thematisch ist. Der ‚Einfall' der *Mund-zu-Mund-Beatmung* eröffnet ein Verständnis des Sprechakts, das nicht nur den zynischen Disziplinierungsstil bemerkt, sondern auch die Botschaft: *Ich will nicht dazu gezwungen sein, Dir nahe zu kommen*.

Ich kann mir sehr gut vorstellen, dass in einer Interpretationswerkstatt, in der alle Beteiligten den Sprechakt der Lehrerin zum ersten Mal vor Augen haben, die ‚zündende Idee' der Mund-zu-Mund-Beatmung von einer Person kommt und beigetragen wird, die zum ersten Mal an einer solchen Werkstatt teilnimmt. Und es scheint mir auf der Hand zu liegen, dass eine noch so umfassende Theoriekenntnis und Interpretationserfahrung keine Garantie für den ‚Einfall' dieser Lesart darstellt.

Die Werkstattsituation stellt also ein ausgesprochen interessantes, von manchen Beschwernissen akademischer Kommunikation relativ befreites Format des wechselseitigen Austauschs in Bezug auf einen gemeinsamen Erkenntnisgegenstand dar. Es lebt von dem wechselseitigen Ansporn zur Explikation, der zwar manchmal einen ‚harten Kampf um Lesarten' darstellt[69], der aber auch die Erfahrung eines ‚echten' Entdeckungsprozesses (für alle Beteiligten ist das Protokoll gleichermaßen rätselhaft) ermög-

---

69 Vgl. dazu Kollmer 2020b: 64.

licht und die Möglichkeit eröffnet, im substanziellen Sinne ‚mitreden' zu können. *Lesarten sind statusindifferent.*

!

Darüber hinaus stellt dieses Format ein wichtiges Instrument der Inspiration und der Vergewisserung dar. Die inspiratorische Dimension beruht darauf, dass die gemeinsame Interpretation Lesarten hervorbringt, die einem selbst nicht in den Sinn gekommen sind. Die Gruppensituation sorgt hier gleichsam für einen Einfallsreichtum, der die eigenen Begrenztheiten zu überwinden hilft. Der Aspekt der Vergewisserung beruht darauf, dass sich eine selbst vorgenommene Sequenzanalyse auf der Bühne der Werkstatt als ‚richtig' und tragfähig erweist (vgl. dazu Kapitel VI). Die Werkstattinterpretation bestätigt dann die eigenen Lesartenbildungen. Sie bringt diese nicht zu Fall und fügt ihnen nichts hinzu. Die eigene Interpretation hat sich also im Werkstattkontext *bewährt.*

Die Werkstatt als Ort der Hervorbringung und Überprüfung von Lesarten

Interpretations- oder Fallwerkstätten können also als vorzügliche Orte einer erkenntnisorientierten Kommunikation angesehen werden. Studierenden, die eine objektiv-hermeneutische Arbeit schreiben wollen, ist dringend zu empfehlen, solchen Interpretations- und Fallwerkstätten zu besuchen bzw. eigeninitiativ sich in Interpretationsgruppen zusammenzufinden.

3. Alleine schreiben

Allerdings erledigen sich an diesem Ort nicht die Probleme einer ganz anderen Arena der Kommunikation, einer ganz anderen Arena des Diskurses und der Beteiligung an ihm. Eine Arbeit muss geschrieben werden. Wenn man die Werkstattdiskussion als eigentlichen Ort der fallrekonstruktiven Erkenntnisgewinnung und Geltungssicherung auffasst, stellt sich die Frage, wie man es anstellt, die ‚Ergebnisse' dieses Diskurses zu verschriftlichen. Dann erscheint die schriftliche Arbeit gleichsam als Protokoll des Werkstattdiskurses. Es geht dann nur mehr um die ‚Darstellung der Ergebnisse'. Diese weit verbreitete Vorstellung ist falsch und irreführend. Der Akt des Schreibens stellt eine gegenüber dem mündlichen Diskurs eigenlogische Herausforderung der Explikation dar und insofern eine eigenständige *Arbeit*. Ich will versuchen, dieses Problem thesenhaft zu bearbeiten:

- Die Vorstellung, die schriftliche Arbeit stelle ein Protokoll des gemeinsamen Interpretierens dar, beruht auf einem ‚Gründungsmythos' interpretativer Verfahren. Nur die *gemeinsame* Interpretation, so eine initiale Argumentation, könne eine Geltungssicherung der Interpretation herstellen. Diese Argumentation ist erkenntnislogisch nicht haltbar. Die inspiratorische und vergewissernde Bedeutung des gemeinsamen Interpretierens liegt auf der Hand. Aber weder verbürgt die Zustimmung der Interpretationsgruppe die Richtigkeit einer Lesartenbildung, noch verbürgt ihre Ablehnung deren Falschheit. M. a. W.: Die schriftliche Explikation kann sich nicht darauf berufen, dass die dort dargelegten Erschließungen von einer Interpretationsgruppe befürwortet wurden.
- Die Vorstellung, das Gesagte zu protokollieren, verkennt die völlig anders gelagerten Explikationsanforderungen mündlicher und schriftlicher Kommunikation. Wer je ein Protokoll einer Interpretations- oder Werkstattsitzung (oder auch einer Seminardiskussion) vor Augen gehabt hat, wird feststellen, dass die dort spontan artikulierten Diskussionsbeiträge bezüglich ihrer argumentativen Präzision, ihrer logischen Ordnung und ihrer Explizitheit weit hinter den Anforderungen der Schriftsprache zurückbleiben.

Suggestivität der mündlichen Argumentation

- Das liegt daran, dass die mündliche Rede, viel mehr als der schriftliche Text, dazu in der Lage ist, überzeugend zu *wirken*. Ihr wohnt eine Suggestivität inne, die von schriftlichen Texten nur selten ausgeht. So gelingt es der mündlichen Rede bzw. Diskussion z. B. viel besser, argumentative Brüche zu kaschieren oder interpretative Unebenheiten zu glätten. So kommt es, dass selbst jene Gruppendiskussionen, die als höchst interessant und fruchtbar empfundenen werden, sich nicht einfach qua Transkription in ein Schriftformat überführen lassen.

Im Rahmen von objektiv-hermeneutischen Interpretationssitzungen ist es üblich geworden, dass diejenigen, deren Datenmaterial analysiert wird, eine Tonaufzeichnung der Sitzung vornehmen (natürlich unter dem Vorbehalt der Zustimmung der Gruppe). Versuchen Sie nicht, die schriftliche Arbeit dadurch zu bewältigen, dass sie ein textbausteinartiges *Transkript* der Audioaufnahme erstellen. Dieser Versuch ist zum Scheitern verurteilt. Verwenden Sie das Audioprotokoll lediglich als Abgleichs- und Überprüfungselement der schriftlichen Interpretation.

- Diese Überlegungen sollen nicht die Bedeutung des unmittelbaren kommunikativen Austauschs schmälern. Abgesehen davon, dass es sich hierbei um eine Praxisform handelt, der kulturell ein Eigenrecht zukommt, sind ihre inspirierenden und vergewissernden Leistungen nicht zu bestreiten. Aber wie auch immer der Schreibprozess von der Werkstattdiskussion profitieren mag; er stellt eine eigenlogische Arbeit dar.
- Mit diesen Überlegungen verbindet sich die Empfehlung, den Schreibprozess von vornherein nicht als ‚Ergebnisprotokoll' einer Interpretationssitzung zu verstehen (analog zu Wilhelm Buschs Vorwort zu „Max und Moritz“: „Drum ist hier, was sie getrieben, aufgemalt und abgeschrieben“), sondern ihn von vornherein als Explikations- und Entdeckungsprozess eigener Art und eigenen Rechts anzugehen. Der Schreibprozess, auch wenn er von noch so vielen Interpretationssitzungen flankiert wird, bleibt ein *einsames* Geschäft.
- Diese Empfehlung geht Hand in Hand mit einer weiteren: Fangen Sie schnellstmöglich an zu schreiben! Warten Sie nicht darauf, dass sich in Interpretationswerkstätten (oder interpretativ ausgerichteten Lehrveranstaltungen) das subjektive Gefühl einstellt, zu wissen, wie es geht und was dabei herauskommt. In der Werkstattsituation kann man üben, sich an der diskussionsförmigen Erschließung von Fallstrukturen zu beteiligen und man kann im Sinne der Selbstvergewisserung die Erfahrung machen, dass die eigenen Lesartenvorschläge auf Zustimmung stoßen. Aber man kann in dieser Situation nicht das Schreiben üben.

!

Fangen Sie so früh wie möglich an, Fallrekonstruktionen in schriftlicher Form vorzunehmen. Warten Sie nicht, bis sich das Gefühl einstellt, *ich weiß jetzt, wie es geht.* Üben Sie sich in schriftlichen Interpretationsversuchen. Nur so können Sie feststellen, ob und wie gut es Ihnen gelingt, selbständig eine Fallrekonstruktion durchzuführen.

4. Produktive und unproduktive Explikationsarbeit

Schreiben als Prozess der *Verfertigung*

Wir haben schon an verschiedenen Stellen dieses Buchs betont, dass eine objektiv-hermeneutische Sequenzanalyse auf Explikationsarbeit beruht. In Anlehnung an Heinrich von Kleist könnte man von der ‚*allmählichen Verfertigung einer Fallrekonstruktion im Prozess des Schreibens*' sprechen.[70] Wichtig scheint mir die Idee der *Verfertigung* zu sein. Schreiben stellt einen Prozess dar, in dem sich Gedanken, Ideen, Argumente usw. *bilden*. Es stellt keine Tätigkeit dar, bei der man Gedanken, die man *hat*, *niederschreibt* und *zu Papier bringt*. Auf nichts anderes verweist der Begriff der *Explikation*. Die schriftliche Arbeit erfordert einen Erschließungs- und Gestaltungsprozess, auf den man sich im Schreiben einlassen muss.

Das ist offensichtlich nicht einfach. Die Situation erinnert etwas an das Motiv des Künstlers vor einer weißen Leinwand. Wenn man nicht von vornherein weiß, wo die Argumentation hinführt, muss man darauf vertrauen, dass im Akt des Schreibens die Argumentation Kontur gewinnt und dass am Ende etwas Respektables dabei herauskommen wird. Wie also diesen Prozess der Explikation in Schwung bringen?

Das objektiv-hermeneutische Vorgehen bietet dabei eine sehr gute Hilfestellung. Denn die Lesartenbildung, die im Zuge der Sequenzanalyse durchgeführt wird und die dabei erfolgenden gedankenexperimentellen Kontrastierungen (vgl. Kapitel II) stellen gleichsam eine Anschubhilfe für die Explikation dar. Man muss sich eigentlich nur einen Sequenzstrang vornehmen und im Schreiben damit beginnen, seine sinnstrukturellen Implikationen auszubuchstabieren, um in den Prozess des Explizierens hineinzufinden. Und alleine schon die *Grundregel, kurze Sequenzen ausführlich zu interpretieren* – also nicht etwa eine halbe Seite Textprotokoll auf einer weiteren halben Seite großflächig zu kommentieren, sondern wenigen Zeilen auf mehreren Seiten Aufmerksamkeit zukommen zu lassen – hilft ja zumindest dabei, ein Explikationsdefizit zu vermeiden. Mindestens weiß man damit, dass es nicht hinreichend ist, das Protokoll nur kurz

70 Vgl. Kleist 1878/1982: „Über die allmähliche Verfertigung der Gedanken beim Reden."

zu kommentieren. Wer zu dem im ersten Kapitel interpretierten Protokoll (Beispiel 3):

Lehrer: *Hast Du die Hausaufgaben?*
Schüler: *Nee, tut mir leid.*
Lehrer: *Mir nicht*

nur schreibt:

> *„Ein Lehrer fragt nach den Hausaufgaben. Der Schüler sagt, dass er sie nicht hat und dass es ihm das leidtut. Dem Lehrer tut es nicht leid. Verständlicherweise scheint er etwas verärgert darüber zu sein, dass der Schüler die Hausaufgaben nicht gemacht hat.“*,

hat ganz offensichtlich keine objektiv-hermeneutische Sequenzanalyse vorgenommen. Offensichtlich wird damit nichts expliziert; offensichtlich findet so keine Fallstrukturerschließung statt.

Pseudo- oder Verlegenheitsexplikation

Tatsächlich findet sich in objektiv-hermeneutisch orientierten Haus- und Examensarbeiten dieses Problem eher selten. In umfangslogischer Hinsicht folgen diese Arbeiten in aller Regel der methodischen Explikationsaufforderung. Allerdings ist nicht selten ein anderes Phänomen zu beobachten, das man als *Pseudo-* oder *Verlegenheitsexplikation* bezeichnen könnte. Nicht selten wird dann eine Seite zu der Frage des Lehrers geschrieben und sich damit beschäftigt, ob der Lehrer den Schüler vielleicht auf dem Kieker hat, schlecht gelaunt ist oder welche Motive sonst für seine Reaktion verantwortlich sein könnten. Oder es wird im Dienst der Lesartenbildung eine Geschichte nach der anderen erzählt, in der jemand *mir nicht* sagen könnte.

Rein äußerlich ist damit der *Grundregel* Genüge getan: es wurde zu einem kurzen Protokoll eine ausführliche Interpretation erstellt. Aber die bloße Ausführlichkeit, das Aneinanderreihen von Vermutungen zu subjektiven Motiven oder von gedankenexperimentell entworfenen Kontexten, in denen das Protokoll wohlgeformt vorkommen könnte, stellt, solange dies nicht auf eine Fallstrukturhypothese hinarbeitet, keine Explikations- und Erschließungsarbeit dar, sondern führt zu unergiebiger *Langatmigkeit*. In dieselbe Richtung weist übrigens auch die oben (in Kapitel II) angesprochene und kritisierte Tendenz, den realen Kontext zu ‚erraten‘. Nach langen Ausführungen kann schließlich gezeigt werden, dass der Sprechakt *Hast Du die Hausaufgaben?* zwar auch von einem Elternteil stammen könnte, aber höchstwahrscheinlich von einem Lehrer geäußert wurde.

Solche ‚papierfüllenden' Techniken, die wohl auch immer aus der Not heraus geboren sind, weisen tatsächlich eine äußere Ähnlichkeit zu einer extensiven Sequenzanalyse auf. Und das Bemühen um Explikation ist ihnen sicherlich nicht abzusprechen. Gleichwohl sind sie kritikwürdig, sofern sie nicht auf eine Fallstrukturhypothese hinarbeiten.

Strategien einer unproduktiven Explikationsarbeit

Zum Zwecke der Systematisierung und Selbstbefragen sei im Folgenden noch einmal auf die wesentlichen *Strategien einer unproduktiven Explikationsarbeit* hingewiesen:

- Das minutiöse Ausbuchstabieren und Abwägen mutmaßlicher subjektiver Motive und Beweggründe. Diese Strategie führt zu einer *unverbindlichen* Lesartenbildung. Dass der Lehrer (oder der Schüler oder die Mutter) einen schlechten Tag hat; solche und ähnliche Hypothesen sind nicht kritisierbar und insofern forschungslogisch wertlos.
- Die ziellose und überbordende Formulierung von Angemessenheitskontexten. Es hat keinen Sinn, eine Lesart an die nächste zu reihen, wenn diese Lesarten nicht auf eine konturierte Fallstrukturhypothese hinarbeiten.
- Artifizielle und umständliche Versuche, den tatsächlichen Kontext der Äußerung, der den Interpreten ja bekannt ist, aus dem Text heraus abzuleiten. Das führt zwar zu ausführlichen Interpretationen und tatsächlich auch zu Erschließungen. Aber diese Erschließungen widmen sich einer Fraglichkeit, die gar keine ist.
- Die unverbundene Aneinanderreihung von einzelnen Sequenzanalysen (Sequenz A, Sequenz B, Sequenz C), ohne dass ein sinn- und fallrekonstruktiver Erschließungszusammenhang hergestellt wird. In gewisser Weise ist darin ein übergeordneter Fehler zu sehen. Denn alle anderen Formen der Erzeugung einer *Pseudoexplikation* laufen darauf hinaus und zeigen sich daran, dass die einzelnen, denselben Fall betreffenden Sequenzanalysen zusammenhanglos bleiben; dass sich

also im Fortschreiten der Analyse keine verdichtende Gestaltbildung in Richtung einer Fallstrukturhypothese herstellt.

Ich fürchte, diese Bemerkungen zur Pseudoexplikation werden nicht als *einladend*, sondern eher als *abschreckend* wahrgenommen werden. Trotzdem möchte ich diese Aspekte nicht verschweigen. Es geht nicht darum, die Messlatte einer seriösen und respektablen Interpretationsleistung anzuheben, sondern darum, auf eine Tendenz aufmerksam zu machen. Dieser Tendenz sollte man, sobald man sie im Schreiben wahrnimmt, entgegensteuern. Man sollte ihr nicht in der Freude an der eigenen Textproduktion hemmungslos folgen. Es geht mir insofern eigentlich um Selbstkritik.

Das Problem der Überexplikation

Abschließend soll auf ein letztes Problem der Explikationsarbeit hingewiesen werden, das weniger gravierend und seltener anzutreffen ist: Das Problem der Überexplikation. Wenn eine überzeugend herausgearbeitete Fallstrukturhypothese gefunden ist, ist manchmal die Tendenz zu beobachten, diese Hypothese an unterschiedlichen Sequenzpositionen zu belegen. Wir haben oben die Empfehlung ausgesprochen, hinsichtlich eines konkreten Aspekts eines konkreten Falls nicht mehr als drei Sequenzpositionen auszuwählen und zu interpretieren (Kapitel IV). Diese Empfehlung dient der Vermeidung von übermäßiger Redundanz. Es ist schlichtweg langweilig und unergiebig, weitere Sequenzen, die zu keinem anderen Ergebnis führen, als dem bisher gewonnen, heranzuziehen. Mir ist bewusst, dass dieser Hinweis an die wohlfeile Antwort auf die Frage, wie lang eine Hausarbeit sein soll, erinnert: ‚So lang wie nötig, so kurz wie möglich'. Gleichwohl scheint es mir gerade im Kontext der objektiv-hermeneutischen Fallrekonstruktion angebracht darauf hinzuweisen, dass deren explikative Kraft durchaus von einer verdichtenden schriftlichen Interpretation profitiert und durch übermäßige Redundanzen geschwächt wird.

IX. Engagement und Erkenntnis

Forschungsfragen entstehen häufig aus praktischen Interessen und aus praktischem Engagement. So wichtig und fruchtbar ein engagierter Forschungszugriff auch sein mag; der Forschungsprozess selbst erfordert eine Emanzipation von diesem Motiv. Ein objektiv-hermeneutisches Forschungsvorhaben bewegt sich notwendig in diesem Spannungsverhältnis von Engagement und Erkenntnis. Diesem Spannungsverhältnis ist das Erkenntnissubjekt ausgesetzt.

Im sozial- und erziehungswissenschaftlichen Feld geht das initiale Erkenntnisinteresse, das zur Auswahl eines Gegenstands und zu einer ersten Fragestellung führt, regelmäßig auf *vorwissenschaftliche,* der alltäglichen Handlungspraxis entstammende Interessen zurück. Das gilt für die ersten Forschungsschritte umso mehr, als hier häufig noch keine, auf einen fachlichen Spezialdiskurs zurückgehende Fragestellungen die Interessensrichtung bestimmen.

Initiales Erkenntnisinteresse geht auf vorwissenschaftliches Interesse zurück

Dieser alltagsweltliche und insofern ‚laienhafte' Zugriff hat durchaus etwas Erfrischendes. Denn nicht selten bewegt sich der fachliche Spezialdiskurs auf ausgetretenen Pfaden und wirft Erkenntnisfragen auf, deren Relevanz den NichtexpertInnen sich kaum noch erschließt. Aber in der Regel entspringt dieses vorwissenschaftliche Interesse einem ‚praktischen Denken', das einem alltagsweltlichen ‚Engagement' verpflichtet ist. Damit meine ich nicht nur das aktive und lebenspraktische Einstehen für eine bestimmte Lebensvorstellung, sondern auch das intellektuelle Einstehen; die gedankliche Selbstverpflichtung auf eine Idee des ‚guten Lebens'. Diese Idee setzt voraus, dass die gegebenen, ‚herrschenden' sozialen Verhältnisse und Zustände als unbefriedigend und kritikwürdig angesehen werden und einer *Verbesserung* bedürfen.

Bevor ich auf die Problematik dieser Motiv- und Interessenlage genauer eingehe, möchte ich die Situation an einem typischen Beispiel erläutern:

Beispiel 14: Mentoring

Eine Studierende nimmt als Mentorin an dem Programm *„Rock-Your-Life*" teil. In diesem Programm geht es darum, Schülerinnen und Schüler aus „bildungsfernen Milieus" durch ein „Eins-zu-Eins-Mentoring-Programm" zu unterstützen.[71] Diesem Engagement der Studierenden entspringt das Motiv, sich im Rahmen einer Masterarbeit eingehend mit dem Thema ‚Mentoring' zu beschäftigen: „Ich würde mir das gerne näher ansehen."

Dieses lebenspraktisch motivierte Initialinteresse neigt natürlich dazu, das Mentoring als „Hilfepraxis"[72] positiv zu würdigen. Mit dem Initialimpuls geht eine Tendenz einher, die Praxis, die nun forschungslogisch genauer in den Blick genommen werden soll, als gute und sinnvolle Praxis zu ‚bewerten' und darin die Forschungsleistung zu sehen. Das würde in etwa dem medial bekannten Muster der *Reportage* entsprechen, in der über eine ‚Hilfepraxis' berichtet wird und die unweigerlich zu einem Lob dieser Praxis führt. Solche ‚engagierten' Reportagen sind durchaus interessant; aber sie stellen keine Forschungsleistung dar.

Die Diskussion über einen sinnvollen und forschungspraktisch realisierbaren Forschungszugriff führt dann relativ schnell zu der Idee, auf dem Wege offener Interviews die Motive der Mentorinnen und Mentoren in den Blick zu nehmen. Was bewegt die Studierenden dazu, an diesem Programm teilzunehmen? Ist das Motto *„Rock Your Life*" (das zugleich der Name der Mentoring-Organisation ist), das auf die jugendlichen und hilfebedürftigen Mentees zielt, vielleicht auch anwendbar auf die MentorInnen? Diese modifizierte und präzisierte Fragestellung verbleibt noch im Horizont einer alltagspraktischen Relevanz – es handelt sich hierbei nicht um eine Spezialfrage des Fachdiskurses –; aber gegenüber dem ursprünglichen Anliegen und Interesse vollzieht sich damit schon ein bemerkenswerter Perspektivwechsel. Denn schon die Frage nach den subjektiven Motiven als solche bringt eine gewisse praktische und auch normative *Distanz* mit sich.

Einerseits führt ihre Bearbeitung nicht zu einer positiven, praktischen Stellungnahme. Denn auf welche Motive auch immer man treffen wird; eine Bejahung des Mentorings als wünschenswerte Praxis kann daraus nicht geschlossen werden. Andererseits

71 Vgl.: https://rockyourlife.de

72 So der Titel der aus dieser Idee entstandenen Masterarbeit: Atzbach 2020.

wird mit der Frage nach den subjektiven Motiven der *Altruismus*, der dem Mentoring zweifelsohne zu Grunde liegt, in eigentümlicher Weise befragt. In der Alltagswelt sind wir es gewohnt, nur die ‚ethisch fragwürdigen' Handlungen auf ihre Motive hin zu befragen; die ethisch vorbildlichen Handlungen sind im Alltag nicht fraglich und fragwürdig. Mit der einfachen Frage nach den Motiven der MentorInnen ist also, obwohl sie so alltäglich und lapidar klingt, schon eine echte Forschungshaltung gewonnen; ein echter Prozess der empirischen Klärung in Gang gesetzt.

Welche allgemeinen Lehren lassen sich aus diesem kleinen Beispiel ziehen?

- Das vorwissenschaftliche, an einem praktischen oder intellektuellen Anliegen sich entzündende ‚Engagement' stellt ein typisches Motiv für die Formulierung eines Forschungsinteresses dar.
- Dieser ‚Zündfunke' lässt sich für ein objektiv-hermeneutisches Forschungsvorhaben sehr gut nutzen. Als Initialimpuls ist er einem solchen Vorhaben nicht hinderlich, sondern förderlich.
- Allerdings stellt das ‚engagierte' Initialmotiv keine tragfähige Grundlage für den weiteren Forschungsprozess dar. Es bedarf gleichsam einer ‚Energieumwandlung', in der das Initialmotiv eine Übersetzung in ein forschungslogisch handhabbares Motiv erfährt.
- Diese Übersetzung erfordert eine *intellektuelle* Distanzierung von dem lebenspraktisch engagierten Initialmotiv. Mit Distanzierung ist nicht gemeint, dass dieses Motiv nicht weiter *handlungsleitend* bleiben soll und darf. Es ist damit gemeint, dass es nicht *forschungsleitend* sein soll.

!

Die Sichtweise, die ich hier vertrete, führt zu folgender Empfehlung:

> Folgen Sie in der Formulierung eines Erkenntnisinteresses ruhig Ihren alltagsweltlichen Impulsen einer ‚engagierten' Forschung. Aber nehmen Sie im Forschungsprozess, soweit es geht, Abstand von diesem Motiv.

Dieser Rat folgt einem Wissenschaftsverständnis, das zum Beispiel Max Webers Postulat der „Wertfreiheit“ (vgl. Weber 1917/1982) oder Robert Mertons Postulat der „disinterestedness“ (vgl. Merton 1942/1973 und Kapitel I) zu Grunde liegt. Mir ist bei der Empfehlung, sich an diesen Postulaten zu orientieren, durchaus bewusst, dass es dazu kontroverse Positionen gibt. Die Forderung einer ‚engagierten Forschung‘ ist alles andere als abwegig oder randständig. Sie entspricht vielmehr einer Normalerwartung an Wissenschaft. Im erziehungswissenschaftlichen Kontext hat Wilhelm Flitner das vielbeachtete und einflussreiche Postulat der „réflexion engagée“[73] formuliert. Wenn ich hier trotz dieser Gegenstimmen und gleichsam wider den Zeitgeist für eine forschungslogische Zurückhaltung in Sachen Engagement plädiere, dann beruht das nicht nur auf allgemeinen forschungs- und erkenntnislogischen Überlegungen, sondern auch und vor allem auf forschungsmethodischen und forschungspraktischen Implikationen der objektiv-hermeneutischen Sequenzanalyse.

Denn die Einnahme und Verteidigung alltagsweltlich-normativer Positionen behindert das gedankenexperimentelle Vorgehen im Rahmen der Lesartenbildung. Das Interesse an der Affirmation einer vorwissenschaftlich befürworteten und gewünschten Praxis gerät regelmäßig mit den methodischen Regeln der textlichen Sinnerschließung in Konflikt. Wenn aber die eigenen normativen Vorentwürfe, die dem Initialinteresse zu Grunde liegen, sich an dem Text und im Prozess der Lesartenbildung nicht bestätigen lassen, dann bleiben nur zwei Möglichkeiten:

1. die *Vermeidung der Analyse* oder
2. die *Ausblendung der Voreinstellung*.

Normative Voreinstellungen müssen im Akt der Interpretation ausgeblendet werden

Die Vermeidungsstrategie läuft auf das Ignorieren der Textgestalt hinaus. Der Text wird dann nicht interpretiert. Die normative Voreinstellung wird ihm ‚textignorant‘ übergestülpt. Umgekehrt erfordert eine unvoreingenommene Lesartenbildung eine Ausblendung der normativen Voreinstellung. Wie oben angedeutet, heißt das nicht, dass die InterpretInnen ihre normativen Überzeu-

73 Vgl. dazu Flitner 1957. Eine ausführliche Diskussion dieses Postulats findet sich bei König 2020: 104ff.

gungen fallen lassen müssen. Es heißt nur, dass diese Überzeugungen *im Akt der Interpretation* gleichsam unterdrückt werden müssen. Dieses forschungspraktisch-situative Ausblenden stellt eine anstrengende Operation dar. Das möchte ich an einem oben schon (Kapitel II) erwähnten Beispiel veranschaulichen:

Diese ‚Zeugnisform' hat eine Grundschullehrerin zum Ende des ersten Schulhalbjahres der ersten Klasse entworfen. Offensichtlich wollte sie den Schülerinnen und Schülern als Ersatz für ein ‚richtiges' Zeugnis, das für diese Klassenstufe noch nicht vorgesehen ist, ein symbolisches Zeugnis ausstellen.[74] Ich glaube, man sieht sofort, dass das subjektive bzw. pädagogische Motiv ein ausgesprochen freundliches ist. So wie es für Kinder, die man bei einer Zugreise mitnehmen darf, ohne eine Fahrkarte für sie lösen zu müssen, ‚Kinderfahrkarten' gibt, so stellt die Lehrerin ein ‚Kinderzeugnis' aus. Auch die Gestaltung dieses Zeugnisses ist ausgesprochen freundlich.

Würde man sich dieser (oder vergleichbarer) Artikulationen pädagogischen Handelns in einer affirmativen und befürwortenden Haltung zuwenden – zum Beispiel in einer Haltung, die darin das Bemühen um eine ‚kindgerechte' schulische Praxis sieht – wäre das in einer alltagsweltlichen Perspektive nicht verwunderlich.

74 Dazu ausführlich: Wernet 2011.

Die Freundlichkeit speist sich neben vielen anderen Elementen auch aus dem Sprechakt: *Mein erstes Zeugnis*. Dieser Sprechakt ist mit der Assoziation verbunden, die Schulkinder liefen begeistert nach Hause und sagten: *Schau Mama, mein erstes Zeugnis*. Aber diese Positivassoziation hält der *Analyse* des Sprechakts nicht stand. In der Lesartenbildung (vgl. Kapitel II zur kontextfreien Interpretation) zeigt sich vielmehr, dass der Sprechakt *mein erstes…* nicht der Erstsituation entstammt, sondern der Situation eines *nachträglichen, reminiszenten Rückblicks*. Diese Hypothese ist Ergebnis einer Lesartenbildung, die hier sehr abgekürzt an folgendem Gedankenexperiment wiedergegeben werden soll:

- Ein Kind, das sein erstes Fahrrad erhält, wird, wenn es stolz mit dem Fahrrad zum ersten Mal zur Schule fährt und dort Freunde trifft, *nicht* sagen: *Mein erstes Fahrrad*.
- Ein Paar bezieht eine gemeinsame Wohnung. Beim Auspacken der Umzugskartons fällt einem seine ‚Zeugnissammlung' in die Hand. Er blättert sie durch und sagt zur Partnerin: *Mein erstes Zeugnis*.

Die letztere Geschichte setzt offensichtlich eine biografische Bedeutsamkeit von Bildungszertifikaten überhaupt voraus. Wer den Schulzeugnissen keinen biografie- und damit identitätsbedeutsamen Status verleiht, könnte so nicht sprechen. Nimmt man die beiden Geschichten zusammen, wird deutlich, dass die freundliche Überschrift, mit der die Lehrerin das ‚Ersatzzeugnis' versieht, den Kindern einen Sprechakt *in den Mund legt*. Obwohl die Überschrift suggeriert, sich der *kindlichen* Weltsicht anzuschmiegen, tut sie das Gegenteil. Sie entstammt der *erwachsenen* Weltsicht; und sie entstammt der Weltsicht eines ‚bildungsnahen' Selbstverständnisses; und stellt damit implizit und ungewollt eine Kritik einer ‚bildungsfernen' (*Zeugnisse sind und waren mir schon immer egal*) Haltung dar. Eigentlich drückt die Überschrift aus: *Ich wünsche mir, dass ihr euch alle die Orientierung am schulischen Erfolg zu eigen macht*. Das ist für all diejenigen, für die das *nicht* zutrifft, alles andere als freundlich. Für diese Schülerinnen und Schüler ist das ein latent *bedrohliches* Szenario.[75]

---

75 An Begrüßungsansprachen zum ersten Schultag entwickelt Sandra Rademacher die „Ambivalenz zwischen Trost und Bedrohung". Vgl. Rademacher 2009: 160ff.

Dieses latent bedrohliche Element steht in Widerspruch zur Intention der Lehrerin. Offensichtlich wollte sie den Kindern freundlich und positiv begegnen. Auch im ganz praktischen Sinne hat sie sich als *engagierte* Lehrerin erwiesen. Obwohl noch gar keine Zeugnisse ausgestellt werden, hat sie sich die Mühe gemacht, ein Format zu entwerfen und die Schülerinnen und Schüler zu beurteilen. Es wäre also durchaus naheliegend, dieses Protokoll als Beispiel einer guten und wünschenswerten, pädagogisch engagierten Praxis anzusehen.

Wollte man aber diese normative Voreinstellung, diese initial positive und sympathiegetragene Haltung gegenüber dem Protokoll in der Sequenzanalyse aufrechterhalten, müsste man im Zuge der Lesartenbildung behaupten, der Sprechakt *Mein erstes Zeugnis* sei kein erwachsen-reminiszenter, sondern ein authentisch *kindlicher* Sprechakt. Diese Lesart lässt sich aber textverbindlich schlichtweg nicht vertreten. Man müsste behaupten, dass Kinder typischer- und normalerweise sagen: *Mein erstes Dreirad, meine erste Puppe, mein erstes Schwert, mein erstes Fahrrad, mein erstes Messer usw.* Würde man diese Behauptungen aber akzeptieren, dann hätte sich der Anspruch auf eine *methodisch verbindliche* Textinterpretation erübrigt. Dann stellte der Text kein empirisches Datum dar, dessen Widerständigkeit ein Verstehensproblem aufwirft, sondern einen forschungsmethodisch unverbindlichen Anlass, ihn mit jenen Deutungen zu versehen, die der eigenen, vorwissenschaftlichen Weltsicht entsprechen und diese nicht stören.

Das objektiv-hermeneutische Vorgehen steht nicht im Dienst der Affirmation normativer Haltungen; auch nicht der eigenen!

Der Versuch, das Protokoll einseitig als ein Dokument eines freundlich-pädagogischen Stils anzusehen und dabei die *latent* bedrohliche Botschaft zu übersehen, kann also nur dann gelingen, wenn der Text in seiner vorliegenden Gestalt *nicht* erst genommen wird; wenn die Lesartenbildung sich nicht in den Dienst der Textanalyse stellt, sondern in den Dienst der Affirmation der eignen normativen Haltung. Das objektiv-hermeneutische Vorgehen ist damit nicht vereinbar.

Die Lesartenbildung fordert also, dass sich die gedankenexperimentellen Operationen, wie sie in Kapitel II beschrieben wurden, an unserem Regelwissen orientieren und *nicht* an unseren normativen Haltungen, Überzeugungen oder Präferenzen. Wenn wir, wie im Falle dieses Zeugnisses oder wie im Falle des Mentoring, eine Praxis als eine gute und wünschenswerte, vielleicht sogar vorbildliche Praxis ansehen, dann darf die Lesartenbildung nicht als Erfüllungsgehilfin dieser normativen Position fungieren, sondern sie muss sich von dieser Position unabhängig machen und emanzipieren.

Diese Emanzipation ist auf den Forschungsprozess beschränkt und wohl auch nur unten den Bedingungen dieser laborähnlichen Abschottung leistbar. Gleichwohl lassen sich die dort gewonnenen Einsichten nicht im Laboratorium der Fallrekonstruktion einsperren. Das Erkenntnissubjekt trägt sie (mehr oder weniger) mit sich. Dieser Umstand erzeugt eine bemerkenswerte, häufig übersehene Spannung und Anstrengung für das Forschungssubjekt:

Was fangen wir als Subjekte mit diesen Einsichten, die unsere Haltungen und Überzeugungen potentiell stören, an? Werden wir nun zu Kritikern des Mentoring oder einer ‚kindgerechten' Grundschulpädagogik? Können wir nach der Interpretation unsere vorwissenschaftlich befürwortende Haltung aufrechterhalten?

Bei der Beantwortung dieser Fragen lässt uns die Forschungsmethode im Stich. Unsere fallrekonstruktiven Befunde geben keine Antwort auf die Frage, ob wir eine Handlungspraxis als gut oder schlecht ansehen sollten. Die Interpretation von *Mein erstes Zeugnis* führt nicht zu einer praktischen Kritik dieses pädagogischen Handelns. Sie führt nicht zu einem praktischen Urteil. Eine solche ‚kindgerechte' Zeugnisausstellung erweist sich in der Interpretation nicht als pädagogisch ‚falsch'. Aus der Interpretation lässt sich auch nicht ableiten, dass der Verzicht auf ein solches Zeugnis eine pädagogisch *bessere* Praxis darstellen würde. Die oben beschriebene Vermeidungsstrategie beruht also auf einem Missverständnis. Sie geht davon aus, dass die fallrekonstruktive Explikation von immanenten Problemen einer normativ befürworteten Praxis das Subjekt dazu zwingen würde, seine Befürwortung über Bord zu werfen.

Sowenig eine Fallrekonstruktion dazu in der Lage ist, normative Standpunkte positiv zu formulieren und zu begründen, sowenig kann sie uns zur Aufgabe von Standpunkten nötigen. Was allerdings durch die Interpretation irritiert wird, ist die *Naivi-*

tät unserer normativen Befürwortungen und lebenspraktischen Standpunkte. Das naive ,das Mentoring' oder die ,kindgerechte' Pädagogik ,*toll*' finden', kann nach der Interpretation schwerlich aufrechterhalten werden. Was aber aufrechterhalten werden kann ist eine *Bejahung auf höherem Niveau*; eine Bejahung einer Praxis, die nicht auf einer naiven Ausblendung der Schattenseiten beruht, sondern die um den Preis der Inkaufnahme dieser Schattenseiten erfolgt.

Diese Irritation lebenspraktischer und normativer Positionen, die mit dem objektiv-hermeneutischen Forschungsprozess einhergeht und die auch den Verzicht auf eine wissenschaftlich begründete normative Position in Kauf nehmen muss, ist für das Erkenntnissubjekt unbequem. Sie beschert dem Subjekt einen Verlust an unerschütterlichen Überzeugungen und Gewissheiten, ohne für andere Überzeugungen und Gewissheiten zu sorgen.

Auch im kleinsten Rahmen involviert ein objektiv-hermeneutisches Forschungsvorhaben das Forschungssubjekt. Eine Einladung zur Objektiven Hermeneutik ist auch eine Einladung dazu, sich, wie momenthaft auch immer, auf diesen subjektiven Bildungsprozess einzulassen und sich ihm auszusetzen.

Anhang

A. Die wichtigsten Begriffe, Themen und Fragen, die in diesem Buch behandelt werden

I. Die Welt als Ausdrucksgestalt

- Zum Erkenntnisinteresse der Objektiven Hermeneutik: Welche Fragen können mit dieser Methode beantwortet werden und welche nicht?
- Zur Unterscheidung gesetzesförmiger, tatsachenwissenschaftlicher und sinnverstehender Aussagen.
- Worin besteht der Unterschied der Interpretation von Daten und der Interpretation von Texten? Zur Unterscheidung von Sinnkonstruktion und Sinnrekonstruktion.
- Was sind Ausdrucksgestalten (im Unterschied zu Daten)? Welchen Erkenntniszugang ermöglichen sie?
- Worin besteht der Unterschied zwischen manifeste und latente Sinnstrukturen? Welche Rolle spielt diese Unterscheidung für eine objektiv-hermeneutische Interpretation?
- Mit welchen forschungspsychologischen Widerständen ist bei der Explikation latenter Sinnstrukturen zu rechnen? Wieso kann die Analyse für die InterpretInnen enttäuschend und kränkend sein?

II. Lesartenbildung: Was heißt ‚Kontextfreiheit'?

- Was bedeutet das Prinzip der kontextfreien Interpretation? Worin liegt seine Funktion und wie wird es angewandt?
- Welche gedankenexperimentellen Strategien führen zur Explikation der kontextfreien Bedeutungsstruktur?
- Text- und Kontextkontrastierung: Wie werden sie eingesetzt?
- Wann liegt eine Fallspezifizität bzw. Fallbesonderung vor?
- Wie werden Lesarten gebildet und überprüft?

- Warum bietet es sich an, eine Sequenz aus dem Zusammenhang zu reißen und sie isoliert zu betrachten?
- Wie verläuft der Prozess der Interpretation und Fallrekonstruktion in der Praxis?
- Ein typischer Fehler der kontextfreien Interpretation: Den Kontext *erraten*.

III. Was ist der Fall? Oder: Wie gelange ich zu einer Fragestellung?

- Interpretative ‚Fingerübungen' in der Objektiven Hermeneutik.
- Zur alltagsweltlichen Evidenz des Fallbegriffs.
- Zur Theoriegeleitetheit des Fallbegriffs und der Fragestellung.
- Warum folgt die objektiv-hermeneutische Fallbestimmung einem ‚Scheinwerfermodell'?
- Zwei Beispiele für den Themenfindungsprozess und die Entwicklung einer Fragestellung.

IV. Das Protokoll als Datum: Zu Fragen der Datenerhebung

- Wo sind Protokolle der sinnstrukturierten Welt anzutreffen?
- Was bedeutet die Frage nach Passung und Erreichbarkeit von Protokollen für ein objektiv-hermeneutisches Forschungsvorhaben?
- Durch welche Strategien des Zugangs lässt sich das Problem der Erreichbarkeit von ‚natürlichen' Protokollen lösen?
- Welche Vor- und Nachteile bietet die Maskierung der Forschungspraxis?
- Was sind quasi-natürliche Protokolle? Warum stellen quasinatürliche Protokolle eine empirisch belastbare Grundlage für objektiv-hermeneutische Fallrekonstruktionen dar?
- Wodurch zeichnet sich ein offen-narratives Interview aus?
- Können Interviews als Protokolle derjenigen Praxis, über die sie berichten, angesehen werden?
- Interviews als indirekte Protokolle: Was bedeutet der Aspekt der indirekten Ausdrucksgestalthaftigkeit von Interviewtexten?
- Wie wird ein offen-narratives Interview geführt und was gilt es dabei zu beachten?

V. Orientierungen im Datenwust: Zur Frage der Fall- und Sequenzauswahl

- Wie erfolgt die Sequenzauswahl und was ist mit der Idee der fallstrukturellen Tiefenbohrung gemeint?
- Was bedeuten die Begriffe der Fallreproduktion und Falltransformation und wie können diese empirisch in den Blick genommen werden?
- An welchen Sequenzpositionen kann die Fallstruktur rekonstruiert werden?
- Was sind fallunspezifische, unscheinbare und auffällige Sequenzen und worin unterscheiden sie sich?
- An welchen Sequenzen artikuliert sich die Offensichtlichkeit des Manifesten und wo die Offensichtlichkeit des Latenten? Worin besteht jeweils ihre Suggestivität?
- Welche jeweiligen Herausforderungen ergeben sich aus der Auswahl und Interpretation auffälliger oder unscheinbarer Sequenzen?
- Wie viele Sequenzen sollten pro Fall oder Protokoll berücksichtigt werden? Wie viele Sequenzen werden forschungspraktisch benötigt, um zu einer empirisch belastbaren Fallrekonstruktion zu gelangen und diese zu überprüfen?
- Zum Prinzip der Fallkontrastierung: Zur Unterscheidung der kriterialen und der fallrekonstruktiven Kontrastivität.
- Was ist mit dem Vorgehen des „theoretischen Samplings" gemeint und wie erfolgt es?
- Welches Vorgehen im Hinblick auf Datenerhebung und Transkription bietet sich für kleinere Arbeiten an?

VI. Zur objektiv-hermeneutischen Sequenzanalyse: Eine Beispielinterpretation mit Interpretationsaufgaben

- Gibt es ‚richtige' und ‚falsche' Interpretationen? Worauf beruht der Objektivitätsanspruch der Objektiven Hermeneutik?
- Wodurch zeichnet sich die objektiv-hermeneutische Feinanalyse aus?
- Drei Interpretationsaufgaben an ausgewählten Sequenzen.

- Wie kann das Ergebnis einer Interpretation beispielhaft aussehen?

VII. Über den Fall hinaus: Vom Fall zum Typus zur Theorie

- Können durch eine Fallrekonstruktion Einsichten und Erkenntnisse gewonnen werden, die über den Fall hinausgehen?
- Was ist ein *Typus* und wie erfolgt der gedankliche Prozess der *Typenbildung* im Hinblick auf die logische Steigerung und Kontrastierung?
- Kann Theoriebildung auch ohne Theoriewissen erfolgen?
- Worin besteht der Forschungsertrag einer Fallstrukturgeneralisierung?
- Zum Zusammenhang zwischen Fall, Typus und Theoriebildung.
- Zum Begriff der Fallstrukturgeneralisierung: Wie unterscheidet sich die Fallstrukturgeneralisierung von der statistischen Generalisierung?

VIII. Gemeinsam interpretieren und einsam schreiben

- Inwiefern unterscheidet sich die Werkstattsitzung von anderen Formen des wissenschaftlichen Austauschs; insbesondere vom Universitätsseminar?
- Welche besonderen Beteiligungschancen eröffnet eine Interpretations- oder Fallwerkstatt den Studierenden?
- Wie verhält sich die schriftliche zur mündlichen Interpretation?
- Zum Missverständnis der Verschriftlichung der mündlichen Interpretation.
- Wann sollte mit der schriftlichen Fallrekonstruktion begonnen werden?
- Strategien einer unproduktiven Explikationsarbeit: Pseudoexplikationen, Verlegenheitsexplikationen, Überexplikationen.

- Worauf ist das initiale Erkenntnisinteresse im sozial- und erziehungswissenschaftlichen Feld zurückzuführen? Welche Möglichkeiten und Probleme ergeben sich daraus?
- Wie sollte im Forschungsprozess mit normativen Vorentwürfen umgegangen werden? Zur Notwendigkeit der normativen Enthaltsamkeit der Lesartenbildung.
- Der objektiv-hermeneutische Forschungsprozess involviert das Subjekt. Er setzt es der Spannung von praktischen Interessen (Engagement) und Erkenntnisinteressen aus.

B. Transkriptionskonvention

‚Talk in Qualitativ Social Research' (TIQ)

Wiedergegeben nach Przyborski/Wohlrab-Sahr (2008):164 ff.

(.)	Kurze Pause beim Sprechen, Zeiteinheiten bis knapp unter einer Sekunde
(2)	Anzahl der Sekunden einer Sprechpause
Ja	Betonung
Ja	Sprecher/Sprecherin spricht lauter in Relation zur sonstigen Lautstärke
°ja°	Sehr leise gesprochen
ja.	Stark sinkende Intonation
ja;	Schwach sinkende Intonation
ja,	Leicht steigende Intonation
ja?	Deutliche Frageintonation
De-	Abbruch eines Wortes
Oh=nee	Zwei oder mehr Worte, die wie eines gesprochen werden
Ja::::::	Dehnung von Lauten. Häufigkeit der Doppelpunkte ≙ Länge d. Dehnung
deshalb	schnell gesprochen
(doch)	Schwer verständliche Äußerung // Unsicherheit bei der Transkription
( )	Unverständliche Äußerung. Länge der Klammer ≙ Dauer der Äußerung
((atmet stark aus))	Anmerkungen zu nichtverbalen Ereignissen
@ja@	Lachend gesprochene Äußerung
@(.)@	Kurzes Auflachen
|_	Beginn einer Überlappung beim Sprechen
//mhm//	Hörersignal der interviewenden Person
*	Name/Bezeichnung geändert (z. B. bei Anonymisierungen)
M	Interviewpartner (Abkürzung)
Fw	Interviewerin (in diesem Fall Abkürzung für **F**orscherin **w**eiblich)

Literatur

Atzbach, Esther Louisa (2020): Mentoring als Hilfepraxis: Fallrekonstruktionen zur subjektiven Motivlage ehrenamtlicher Fürsorge. Hannover (unveröffentlichte Masterarbeit).

Bohnsack, Ralf (1989): Generation, Milieu und Geschlecht: Ergebnisse aus Gruppendiskussionen mit Jugendlichen. Opladen: Leske+Budrich.

Bourdieu, Pierre (1992): Ökonomisches Kapital – Kulturelles Kapital – Soziales Kapital. In: Ders., Die verborgenen Mechanismen der Macht. Schriften zu Politik & Kultur 1. Hamburg: VAS, S. 49–80.

Bude, Heinz (1985): Der Sozialforscher als Narrationsanimateur. Kritische Anmerkungen zu einer erzähltheoretischen Fundierung der interpretativen Sozialforschung. In: Kölner Zeitschrift für Soziologie und Sozialpsychologie, Heft 2, S. 327–336.

Dittmar, Norbert (2002): Transkription. Ein Leitfaden mit Aufgaben für Studenten, Forscher und Laien. Opladen: Leske+Budrich.

Erikson, Erik H. (1966): Wachstum und Krisen der gesunden Persönlichkeit. In: Ders.: Identität und Lebenszyklus Frankfurt a. M.: Suhrkamp, S. 55–122.

Flitner, Wilhelm (1957): Das Selbstverständnis der Erziehungswissenschaft in der Gegenwart. Heidelberg: Quelle & Meyer.

Franzmann, Andreas (2016): Entstehungskontexte und Entwicklungsphasen der Objektiven Hermeneutik als einer Methodenschule. Eine Skizze. In: Becker-Lenz, Roland/Franzmann, Andreas/Jansen, Axel/Jung, Matthias (Hrsg.): Die Methodenschule der Objektiven Hermeneutik. Eine Bestandsaufnahme. Wiesbaden: Springer VS, S. 1–42.

Freud, Sigmund (1905/1972): Drei Abhandlungen zur Sexualtheorie. Studienausgabe Band V: Sexualleben. Frankfurt a. M.: Fischer, S. 37–145.

Freud, Sigmund (1916–17/1982): Vorlesungen zur Einführung in die Psychoanalyse. Studienausgabe Band I. Frankfurt a. M.: Fischer.

Freud, Sigmund (1917): Eine Schwierigkeit der Psychoanalyse. In: Imago: Zeitschrift für Anwendung der Psychoanalyse auf die Geisteswissenschaften. V. Band (1917–1919), S. 1–7.

Funcke, Dorett; Loer, Thomas (Hrsg.) (2019): Vom Fall zur Theorie: Auf dem Pfad der rekonstruktiven Sozialforschung. Wiesbaden 2019: Springer VS.

Garz, Detlef; Kraimer, Klaus (1994): Die Welt als Text: Theorie, Kritik und Praxis der objektiven Hermeneutik. Frankfurt a. M.: Suhrkamp.

Garz, Detlef/Kraimer, Klaus/Riemann, Gerhard (Hrsg.) (2019): Im Gespräch mit Ulrich Oevermann und Fritz Schütze. Einblicke in die biographischen Voraussetzungen, die Entstehungsgeschichte und die Gestalt rekonstruktiver Forschungsansätze. Opladen/Berlin/Toronto: Barbara Budrich.

Geertz, Clifford (1973): The Interpretation of Cultures. New York: Basic Books.

Geertz, Clifford (1997): ‚Deep Play': Bemerkungen zum balinesischen Hahnenkampf. In: Ders.: Dichte Beschreibung: Beiträge zum Verstehen kultureller Systeme. Frankfurt a. M.: Suhrkamp, S. 202–260.

Glaser, Barney G.; Strauss, Anselm L. (2005): Grounded Theory: Strategien qualitativer Forschung. 2., korrigierte Auflage. Bern: Verlag Hans Huber.

Habermas, Jürgen (1981): Theorie des kommunikativen Handelns. Band 1: Handlungsrationalität und gesellschaftliche Rationalisierung. Frankfurt a. M.: Suhrkamp.

Kant, Immanuel (1784/1977): Beantwortung der Frage: Was ist Aufklärung? In: Schriften zur Anthropologie, Geschichtsphilosophie, Politik und Pädagogik 1. Werkausgabe Band XI. Herausgegeben von Wilhelm Weischedel. Frankfurt a. M.: Suhrkamp, S. 51–61.

Kleist, Heinrich von (1878/1982): Über die allmähliche Verfertigung der Gedanken beim Reden. In: Ders., Sämtliche Werke und Briefe in vier Bänden. 3. Band. München, Wien: Carl Hanser, S. 319–324.

Kollmer, Imke (2020): Das elterliche Nein: Zur Versagung als konstitutivem Moment von Erziehung. In: Sozialer Sinn. Zeitschrift für hermeneutische Sozialforschung, 21. Jg., Heft 2, S. 267–288.

Kollmer, Imke (2020b): Vierdreisechs. Essay zur Fallwerkstatt. https://www.iew.uni-hannover.de/de/institut/arbeitsbereiche/schul-und-professionsforschung/fallwerkstatt/essay-zur-fallwerkstatt/

König, Hannes (2020): Unpraktische Pädagogik. Über Studium und Lehre der Erziehungswissenschaft. Hannover: Dissertation.

Kurzeck, Peter (2011): Mein wildes Herz. Peter Kurzeck erzählt. Supposé.

Küsters, Ivonne (2009): Narrative Interviews. 2. Auflage. Wiesbaden: Spinger VS.

Loer, Thomas (2015): Forschungsnotiz zum Begriff der Ausdrucksgestalt. In: Sozialer Sinn. Zeitschrift für hermeneutische Sozialforschung, 16. Jg., H. 1, S. 71–84.

Maiwald, Kai-Olaf (2003): Stellen Interviews eine geeignete Datenbasis für die Analyse beruflicher Praxis dar? Methodologische Überlegungen und eine exemplarische Analyse aus dem Bereich der Familienmediation. In: Sozialer Sinn. Zeitschrift für hermeneutische Sozialforschung. 4. Jg., Heft 1, S. 151–180.

Maiwald, Kai-Olaf (2009): Paarbildung als Selbst-Institutionalisierung. Eine exemplarische Fallanalyse. In: Sozialer Sinn. Zeitschrift für hermeneutische Sozialforschung, 10. Jg., Heft 2, S. 283–315.

Maiwald, Kai-Olaf (2018): Objektive Hermeneutik. Von Keksen, inzestuöser Verführung und dem Problem, die Generationendifferenz zu denken – exemplarische Sequenzanalyse einer Interaktion in einem Fernsehwerbefilm. In: Akremi, Leila/Baur, Nina/Knoblauch, Hubert/Traue, Boris (Hrsg.): Handbuch Interpretativ forschen. Weinheim/Basel: Beltz Juventa, S. 442–478.

Maiwald, Kai-Olaf (2020): Das Kind als autarke Persönlichkeit: Zu einem modernen Typus von Erziehungshandeln und einem darauf bezogenen jugendlichen Selbstverständnis. In: Sozialer Sinn. Zeitschrift für hermeneutische Sozialforschung, 21. Jg., Heft 2, S. 311–356.

Merton, Robert K. (1942/1973). The Normative Structure of Science. In: Ders.: The Sociology of Science. Theoretical and Emirical Investigations. Chicago: University of Chicago Press, S. 267–278.

Oevermann, Ulrich (et al.) (1976): Beobachtungen zur Struktur sozialisatorischer Interaktion. Theoretische und methodologische Fragen der Sozialisationsforschung. In: Auwärter, Manfred/Kirsch, Edit/Schröter Klaus (Hrsg.): Seminar: Kommunikation, Interaktion, Identität. Frankfurt a. M.: Suhrkamp, S. 371–403.

Oevermann, Ulrich (et al.) (1979): Die Methodologie einer „objektiven Hermeneutik“ und ihre allgemeine forschungslogische Bedeutung in den Sozialwissenschaften. In: Soeffner, Hans-Georg (Hrsg.): Interpretative Verfahren in den Sozial- und Textwissenschaften. Stuttgart: Enke, S. 352–434.

Oevermann, Ulrich (1981): Fallrekonstruktion und Strukturgeneralisierung als Beitrag der objektiven Hermeneutik zur soziologisch-strukturtheoretischen Analyse. http://publikationen.ub.uni-frankfurt.de/frontdoor/index/index/docId/4955.

Oevermann, Ulrich (1986): Kontroversen über sinnverstehende Soziologie. Einige wiederkehrende Probleme und Mißverständnisse in der Rezeption der „objektiven Hermeneutik“. In: Aufenanger, Stefan/Lenssen, Margit (Hrsg.): Handlung und Sinnstruktur: Bedeutung und Anwendung der objektiven Hermeneutik. München: Kindt, S. 19–83.

Oevermann, Ulrich (1991): Genetischer Strukturalismus und das sozialwissenschaftliche Problem der Erklärung der Entstehung des Neuen. In: Müller-Doohm, Sefan (Hrsg.): Jenseits der Utopie: Theoriekritik der Gegenwart. Frankfurt a. M.: Suhrkamp, S. 267–336.

Oevermann, Ulrich (1993): Die objektive Hermeneutik als unverzichtbare methodologische Grundlage für die Analyse von Subjektivität. Zugleich eine Kritik der Tiefenhermeneutik. In: Jung, Thomas/Müller-Doohm, Stefan (Hrsg.): „Wirklichkeit“ im Deutungsprozeß: Verstehen und Methoden in den Kultur- und Sozialwissenschaften. Frankfurt a. M.: Suhrkamp, S. 106–189.

Oevermann, Ulrich (2002): Klinische Soziologie auf der Basis der Methodologie der objektiven Hermeneutik – Manifest der objektiv hermeneutischen Sozialforschung. https://www.ihsk.de/publikationen/Ulrich_Oevermann-Manifest_der_objektiv_hermeneutischen_Sozialforschung.pdf.

Oevermann, Ulrich (2004). Sozialisation als Prozess der Krisenbewältigung. In: Geulen, Dieter/Veith, Hermann (Hrsg.): Sozialisationstheorie interdisziplinär. Aktuelle Perspektiven. Stuttgart: De Gruyter, S. 155–181.

Özmen, Nergis (2020): Pädagogisches Selbstverständnis von Lehrerinnen und Lehrern: Fallrekonstruktion zur Positionierung von Lehrkräften zu Erziehung und Vermittlung. Hannover (unveröffentlichte Masterarbeit).

Parsons, Talcott (1975): Die Entstehung der Theorie des sozialen Systems: Ein Bericht zur Person. In: Parsons, Talcott/Shils, Edward/Lazarsfeld, Paul F. (1975): Soziologie – autobiographisch. Drei kritische Berichte zur Entwicklung einer Wissenschaft. Stuttgart: Enke, S. 1–68.

Piaget, Jean (1932/1973): Das moralische Urteil beim Kinde. Frankfurt a. M.: Suhrkamp.

Piaget, Jean (2002): Das Erwachen der Intelligenz beim Kinde. Gesammelte Werke, Band 1. Stuttgart: Klett-Cotta.

Popper, Karl R. (1994): Logik der Forschung. Zehnte, verbesserte und vermehrte Auflage. Tübingen: J.C.B. Mohr.

Popper, Karl R. (1995): Kübelmodell und Scheinwerfermodell: zwei Theorien der Erkenntnis. In: Ders.: Objektive Erkenntnis. Ein evolutionärer Entwurf. Hamburg: Hoffmann und Campe, S. 354–375.

Przyborski, Aglaja/Wohlrab-Sahr, Monika (2009): Qualitative Sozialforschung. Ein Arbeitsbuch. 2. Auflage. München: Oldenbourg Verlag.

Rademacher, Sandra (2009): Der erste Schultag. Pädagogische Berufskulturen im deutsch-amerikanischen Vergleich. Wiesbaden: Springer VS.

Reichertz, Jo (2003): Die Abduktion in der qualitativen Sozialforschung: Über die Entdeckung des Neuen. Wiesbaden: Springer VS.

Reichertz, Jo (2013): Gemeinsam interpretieren: Die Gruppeninterpretation als kommunikativer Prozess. Wiesbaden: Springer VS.

Reichertz, Jo (2018): Interpretieren in Interpretationsgruppen. Versprechungen, Formen, Bedingungen, Probleme. In: Akremi, Leila/Baur, Nina/Knoblauch, Hubert/Traue, Boris (Hrsg.): Handbuch Interpretativ forschen. Weinheim/Basel: Beltz Juventa, S. 72–107.

Rosenthal, Gabriele (1995): Erlebte und erzählte Lebensgeschichte: Gestalt und Struktur biographischer Selbstbeschreibungen. Frankfurt a. M./New York: Campus.

Rosenthal, Gabriele (2008): Interpretative Sozialforschung. Eine Einführung. 2., korrigierte Auflage. Weinheim und München: Juventa.

Schegloff, Emanuel A.; Sacks, Harvey (1973): Opening Up Closings. https://web.stanford.edu/~eckert/PDF/schegloffOpeningUpClosings.pdf, S. 69–99.

Schmeiser, Martin (2003): ‚Missratene' Söhne und Töchter. Verlaufsformen des sozialen Abstiegs in Akademikerfamilien. Konstanz: UVK.

Schütze, Fritz (1983): Biographieforschung und narratives Interview. In: Neue Praxis, Jg. 13, S. 283–293.

Silkenbeumer, Mirja/Wernet, Andreas (2012): Die Mühen des Aufstiegs. Von der Realschule zum Gymnasium: Eine Fallrekonstruktion zur subjektiven Bewältigung des Schulformwechsels. Opladen/Farmington Hills: Barbara Budrich.

Thiersch, Sven (Hrsg.) (2020): Qualitative Längsschnittforschung: Bestimmungen, Forschungspraxis und Reflexionen. Opladen 2020: Barbara Budrich.

Whyte, William F. (1996): Die Street Corner Society. Die Sozialstruktur eines Italienerviertels. Berlin/New York: De Gruyter.

Weber, Max (1904/1982): Die ‚Objektivität' sozialwissenschaftlicher und sozialpolitischer Erkenntnis. In: Ders.: Gesammelte Aufsätze zur Wissenschaftslehre. 5., erneut durchgesehene Aufl., hrsg. von Johannes Winckelmann. Tübingen: J.C.B. Mohr, S. 146–214.

Weber, Max (1904-05/1986): Die protestantische Ethik und der Geist des Kapitalismus. In: Ders.: Gesammelte Aufsätze zur Religionssoziologie I. Tübingen: J.C.B. Mohr, S. 17–206.

Weber, Max (1917/1982): Der Sinn der ‚Wertfreiheit' der soziologischen und ökonomischen Wissenschaften. In: Ders.: Gesammelte Aufsätze zur Wissenschaftslehre. 5., erneut durchgesehene Aufl., hrsg. von Johannes Winckelmann. Tübingen: J.C.B. Mohr, S. 451–502.

Weber, Max (1920/1986): Zwischenbetrachtung: Theorie der Stufen und Richtungen religiöser Weltablehnung. In: Ders.: Gesammelte Aufsätze zur Religionssoziologie I. Tübingen: J.C.B. Mohr, S. 536–573.

Wenzl, Thomas/Wernet, Andreas (2015): Fallkonstruktion statt Fallrekonstruktion. Zum methodologischen Stellenwert der Analyse objektiver Daten. In: Sozialer Sinn. Zeitschrift für hermeneutische Sozialforschung, 16. Jg., H. 1, S. 85–101.

Wenzl, Thomas (2020): „Alle haben ein Smartphone, nur ich nicht!“ Familiale Erziehung im Spannungsfeld von elterlichem Partikularismus und gesellschaftlichem Universalismus. In: Sozialer Sinn. Zeitschrift für hermeneutische Sozialforschung, 21. Jg., Heft 2, S. 357–378.

Wenzl, Thomas (2021): Qualitative Forschungsmethoden. In: Wenzl, Thomas/Minnamaier, Gerhard/Oberwimmer, Konrad (2021): Wissenschaftliche Forschungsmethoden. Reihe: Studientexte Bildungswissenschaft. Bad Heilbrunn: Klinkhardt.

Wernet, Andreas (2009): Einführung in die Interpretationstechnik der Objektiven Hermeneutik. Qualitative Sozialforschung Bd. 11. 3. Auflage. Wiesbaden: Springer VS.

Wernet, Andreas (2011): Mein erstes Zeugnis. http://www.fallarchiv.uni-kassel.de/2011/methoden/objektive-hermeneutik/andreas-wernet/mein-erstes-zeugnis/.

Wernet, Andreas (2018): Entgrenzung. In: Proske, Matthias/Rabenstein, Kerstin (Hrsg.): Kompendium Qualitative Unterrichtsforschung. Bad Heilbrunn: Klinkhardt, S. 240–258.

Wernet, Andreas (2019): Die Objektive Hermeneutik. In: Jost, Gerhard/Haas, Marita (Hrsg.): Handbuch soziologischer Biographieforschung. Opladen & Toronto: Barbara Budrich, S. 167–188.

Wernet, Andreas (2020): Erziehung als Fall: Zur objektiv-hermeneutischen Rekonstruktion erzieherischer Interaktion. In: Nohl, Arnd-Michael (Hrsg.): Rekonstruktive Erziehungsforschung. Wiesbaden: Springer VS, S. 113–138.

Wernet, Andreas (2020b): Identitätskrise, Transformation und Ausdrucksgestalt: Zum rekonstruktionsmethodologischen Problem des „Gewordenseins“. In: Thiersch, Sven (Hrsg.): Qualitative Längsschnittforschung: Bestimmungen, Forschungspraxis und Reflexionen. Opladen & Toronto: Barbara Budrich, S. 127–145.

Wernet, Andreas (2021): Fallstricke der Kasuistik. In: Wittek, Doris/Rabe, Thorid/Ritter, Michael (Hrsg.): Kasuistik in Forschung und Lehre – erziehungswissenschaftliche und fachdidaktische Ordnungsversuche. Bad Heilbrunn: Klinkhardt, S. 299–319.

Wolf, Eike (2019): Erziehung unter Druck: Zum Einfluss der Öffentlichkeit auf den Arkanbereich der Erziehung. In: Sozialer Sinn. Zeitschrift für hermeneutische Sozialforschung, 20. Jg., Heft 2, S. 263–291.